간편하게
익히고
두고두고
들춰보는

주역

입문
강의

[큰글자책] 주역 입문 강의

발행일 큰글자책 초판6쇄 2025년 6월 30일 | **지은이** 고은주 | **감수** 우응순
펴낸곳 북튜브 | **펴낸이** 박순기 | **주소** 경기도 고양시 덕양구 소원로 181번길 15, 504-901 |
전화 070-8691-2392 | **팩스** 031-8026-2584 | **이메일** booktube0901@gmail.com

ISBN 979-11-92628-00-4 03140

 책으로 만나는 인문학강의 세상

간편하게
익히고
두고두고
들춰보는

주역
입문
강의

한 권으로 읽는
『주역』의 모든 것

고은주
지음

우응순
감수

책머리에 _ 내 힘으로 『주역』 읽기, 그 첫걸음을 응원하며

2017년부터 '『주역』의 기초' 강의를 시작한 지 벌써 5년이 되었네요. 그동안 수많은 학인들을 만나면서 『주역』 공부를 시작하는 데 두 가지 장애물이 있다는 걸 깨닫게 되었습니다. 첫번째는 많은 사람들이 '『주역』은 단순히 점치는 도구'일 뿐이라고 오해하고 있다는 것입니다. 『주역』의 기초 강의를 듣기 위해 어렵게 시간을 냈다는 어느 분이 이렇게 말씀하신 적이 있습니다. "식구들이 모두 독실한 기독교 신자거든요. 제가 『주역』 공부를 하고 싶다고 했더니 반대가 엄청 심했어요. 오늘 기초강의를 듣고 보니 『주역』을 공부하고 싶은 마음은 더 커졌는데… 어찌해야 할지 모르겠어요." 아직도 『주역』이 일종의 미신 취급을 받고 있다는 걸 실감하게 된 순간이었습니다.

물론, 『주역』은 단순한 점서가 아닙니다. 인간이 살아가면서 맞닥뜨리게 되는 다양한 상황을 64괘로 유형화해서 정리해 놓은 것이지요. 그리고 그 안에서 사람들은 제각각 어떤 입장에서 무엇을 바라보며 어떤 생각을 갖게 되는지, 서로 어떤 관계를 맺게 되는지를 효사를 통해 말해 줍니다. 계속해서 변화하는 시공간 안에서 다양한 사람들과 관계를 맺으며 시시각각 달라지면서 살아가는 존재가 바로 우리라는 걸 일깨워 주는 텍스트가 『주역』입니다.

우리를 둘러싼 모든 상황은 고정된 것이 아니라 계속해서 변화하며 흘러가고 있습니다. 거기에는 바꿀 수 없는 것들이 있고 또 한편 나의 선택으로 바꿀 수 있는 지점들이 있지요. 『주역』은 아직 일어나지 않은 변화를 예측할 수 있게 해주고, 어떻게 하면 길한가, 흉한가, 허물이 없게 되는가를 말해 줍니다. 인간답게 살아갈 수 있는 길을 알려 주는 인생의 가이드북이라고 할 수 있지요. 자신이 처한 때[時]를 알고 때에 맞게 적중(適中)하는 삶을 살아가라고 말합니다. 정(貞, 올바름)과 부(孚, 진실함·성실성)를 추구하면서 겸손한 자세로 살라고 말이지요.

어느 시대에 태어나 살아갈 것인지 주어진 조건을 바꿀 수는 없지만 그 안에서 어떤 기준을 가지고 판단할 것인지, 어떻게 행동할 것인가는 각자가 선택할 수 있는 몫으로 남아 있습니다. 내게 주어진 삶을 충실하게 살아가기 위해, 진짜 자신을 위한 선택을 하기 위해서, 우리는 『주역』을 탐구하며 상황과 사람들의 변화를 읽어 내는 판단력을 갈고닦아야 하는 것이지요.

『주역』 공부의 두번째 장애물은 '『주역』이 너무 복잡하고 어렵게 느껴진다'는 겁니다. 제가 『낭송 주역』을 펴내고 주위 사람들에게 선물했을 때 사람들의 반응은 하나같이 "읽어 봐도 뭔 말인지 하나도 모르겠다"는 거였습니다. 한자와 한문을 읽을 수 있다면 쉽게 접근가능한 다른 고전들과 달리 『주역』을 읽어 내려면 역(易)의 기본 개념과 풀이의 규칙을 익혀야 합니다. 이 과정 없이 『주역』을 읽는다면 망망대해에서 길을 잃고 표류하기 십상이지요. 심지어 『주역』 강의를 오래 들었는데도 "뭐가 뭔지 모르겠다"는 경우가 심심치 않게 생겨났기 때문에 〈원데이 주역의 기초〉 강좌를 만들게 되었고. 그때 강의했던 내용을 정리해서 이렇게 책을 만들게 되었습니다.

사실 『주역』의 기본 개념은 복잡하지 않습니다. 음(陰)과 양(陽) 딱 두 가지거든요. 그 외에 복잡한 개념들은 모두 음양에서 파생된 것일 뿐이지요. 『주역』의 형성 과정을 살펴보고 태극 → 음양 → 사상 → 팔괘로 이어지는 역의 원리와 『주역』의 기본 코드에 해당하는 8괘를 이해하는 것은 영문을 읽기 위해 알파벳을 익히는 과정이라고 할 수 있습니다. 또 역을 풀이하는 여러 규칙들을 배우는 과정에서 『주역』의 경문(괘사와 효사)을 이해할 수 있는 기본기를 습득할 수 있지요.

어느 정도 기본 초식을 익힌 다음에는 주역점 치는 법을 활용해 보실 수 있습니다. 대나무 산가지를 이용해서 시초점을 치는 법, 시간이 없을 때 동전점을 치고 해석하는 법을 직접 따라해 볼 수 있게 했습니다. 『주역』의 지혜를 체득해서 상황을 꿰뚫어 보는 통찰력을 길렀다면 점칠 필요가 없습니다. 상황에 맞게 생각하고 행동하면 되니까요. 하지만 자기가 처한 상황이 어떤 때[時]인지 알 수 없다면 점을 쳐 볼 수 있습니다. 주역점을 친다고 해서 겪어야 할 일을 겪지 않고 넘어갈 수 있는 방도가 생기는 게 아닙니다. 그저 점사는 '당신은 이런 상황에 놓여 있다'라는 걸 알려 줄 뿐입니다. '이렇게 하는 게 좋지 않겠는가?'라는 정도의 조언을 얻을 수 있지요. 결국 최종 선택은 각자의 몫입니다. 그 선택이 길·흉이라는 결과로 이어지는 것이고요.

물론 『주역』의 지혜를 제대로 습득하기 위해서는 괘사와 효사는 물론이고 그것을 풀이한 「단전」과 「상전」을 포함한 10개의 해설서인 10익(十翼, 「계사전」 상·하, 「단전」 상·하, 「상전」 상·하, 「문언전」, 「설괘전」, 「서괘전」, 「잡괘전」)을 차근차근 배워 나가야 합니다. 특히 괘사와 효사에 나와 있는 말들은 생략이 많은 데다 3천 년 전 사람들이 사용하던 비유와 상징을 담은 표현이기 때문에 한문을 해석한 내용을 읽어 보아도 그 의미가 바로 와닿기 어렵습니다. 그걸 혼자서 파악하기 어려우니 반드시 이끌어 주는 선생님, 함께 배울 동학이 있어야 하는 거죠.

저는 운좋게도 『주역』을 공부하면서 훌륭한 선생님과 도반들을 만났습니다. 항상 즐겁게 공부하는 모습으로 제 앞에서 등불이 되어 주시는 우응순 선생님이 계셨기에 『주역』을 배워 강의도 하고 책도 낼 수 있게 되었습니다. 매주 수요일과 토요일 〈인문학당 상우(尙友)〉에 모여 공부하는 학인들이 있어서 함께 배우고 성장할 수 있었고요. 코로나19로 인해 대면모임이 어려워졌지만 줌(zoom)과 유튜브 영상을 통해서 여전히 많은 분들이 『주역』의 세계에 접속하고 있지요. 이 모든 인연이 고마울 뿐입니다.

이 책이 『주역』을 탐구하는 첫걸음을 내딛는 독자 여러분의 길동무가 될 수 있기를 바랍니다. 이제 막 초입에 들어섰으니 알아갈수록 재미있는 『주역』의 세계 속으로 뚜벅뚜벅 걸어나가시기를 바랍니다.

2021년 봄
고은주

실전편

▶

1부 : 『주역』에 묻다
—주역점 치는 법과 점사의 해석 115

▶

2부 : 꼬리에 꼬리를 무는 64괘
—64괘의 설명과 괘사·효사 145

이론편

이론편 일러두기

1. 『주역 입문 강의』 '이론편'에서는 『주역』이라는 책의 배경과 구성, 8괘와 64괘의 구성, 그리고 괘를 구성하는 효들의 관계와 길흉의 단계 등 『주역』을 이해하기 위한 이론적 내용을 담고 있습니다.

2. '이론편'에서는 설명의 편의를 위해 『주역』의 괘사와 효사를 인용한 경우가 있습니다. 인용한 부분 외에 해당 괘사와 효사를 모두 참고하고자 할 때는 이 책의 '실전편'에 수록된 64괘의 괘사와 효사를 참조해 주세요.

1부

『주역』은
어떤 책인가?

1장 _ '주'(周)와 '역'(易)의 의미

'주'(周)의 두 가지 의미

우리가 공부하려는 텍스트는 바로 『주역』(周易)입니다. 우선 이 책이 어떤 책인지를 알아야 하겠지요?

『주역』은 그냥 주(周)나라의 역(易)이에요. '주'는 나라 이름이죠. 역사시대가 막 시작되는 고대 중국의 왕조를 하, 은, 주라고 하는데, 이 중 마지막 나라입니다. 그러니까 『주역』은 기원전 1000년 무렵, 주나라가 세워지던 시기에 정리된 역(易)이라고 할 수 있습니다.

주나라를 세운 건 무왕(武王)이었는데요. 그의 아버지 문왕(文王)은 은나라 말기의 제후였습니다. 문왕은 서쪽 지역을 맡아서 다스리며 서백(西伯, 서쪽의 우두머리)이라 불렸고, 정치를 잘해서 천하의 민심을 얻었습니다. 그래서 폭군이던 주(紂)가 그를 유리(羑里)에 가두었는데, 이때 64괘를 새로 정리하고 괘사를 붙여서 '주역'이라고 불리게 된 거죠.

그럼 여기에서 질문이 생기지요. 그 이전에도 역(易)이 있었을까? 네, 주나라 때의 역이 『주역』이고 그 이전 하나라, 은나라에서도 역을 썼다고 해요. 다만 64괘의 배치가 다르고, 부르는 이름이 다릅니다. 하나라의 역은 '연산역'(連山易)이라고 부르는데요. 산이 중첩되어 있는 중산 간괘로부터 역을 시작하고 산이 들어가 있는 괘명들이 이어진다고 합니다. 우리가 아는 '중천 건, 중지 곤, 수뢰 둔, 산수 몽…' 순서로 이어지는 『주역』과는 다르죠.

은나라에서 썼던 역은 '귀장역'(歸藏易)이라고 불러요. 은나라를 세운 것은 탕(湯)임금인데요. 하나라의 마지막 왕인 걸(桀)을 몰아내고 은나라를 세웠습니다. 이때 은나라의 덕, 그 에너지를 토덕(土德)이라고 했어요. 그래서 귀장역은 땅을 상징하는 중지 곤으로부터 시작해요. 지금 우리가 보는 『주역』은 하늘을 상징하는 중천 건으로부터 시작해서 64괘 배치가 되는데요. 이 배치가 기원전 1000년경 주나라가 일어날 때 즈음에 만들어졌다는 겁니다. 그래서 '주역'이라고 부른다고 보시면 됩니다.

그런데 주(周)라는 글자에는 '주나라'라는 의미 말고도 '두루'라는 뜻이 있습니다. 이 '두루'라는 말은 '시간적으로는 아주 먼 옛날부터 지금에 이르기까지, 공간적으로는 우주 전체, 모든 곳에 두루 통한다'는 의미가 있습니다. 그러니 『주역』은 '주나라의 역'이면서 '동서고금에 모두 통하는 역'이라는 두 가지 의미가 있는 것이지요.

『주역』이 담고 있는 내용에 대해 더 구체적으로 살펴보자면, '『주역』은 역경이라고도 하며 점서(占書)로서 8개의 괘가 승(乘)하여[곱하여] 이뤄진 64괘에 붙은 경문과 효사로 이뤄졌다'라고 설명할 수 있습니다. 맞습니다. 『주역』은 본래 점을 치고 점괘를 해석하는 데 썼던 텍스트고, 이게 역의 기원입니다. 건(☰)·태(☱)·리(☲)·진(☳)·손(☴)·감(☵)·간(☶)·곤(☷) 8괘를 중첩해서 64괘를 만들었고, 각 괘마다 '괘사'와 '효사'라는 설명이 붙어 있어서 그 의미를 해석할 수 있게 구성되어 있습니다. 그럼 우선 『주역』의 64괘가 어떤 순서로 배치되어 있는지 다음 쪽의 64괘 표를 보면서 한번 소리 내어 읽어 보고 강의를 이어 가겠습니다.

앞에서 『주역』은 점서에서 출발했다고 했어요. 우리는 어떨 때 점을 치게 될까요? '앞으로 어떻게 살아가야 할 것인가?' 이것에 대한 답을 찾지 못할 때 점을 치는 거죠. 생각으로 판단해서 그 답을 얻을 수 있을 때는 그냥 결정을 하면 되는데, 그

64괘

1 중천 건 重天乾	2 중지 곤 重地坤	3 수뢰 둔 水雷屯	4 산수 몽 山水蒙	5 수천 수 水天需	6 천수 송 天水訟	7 지수 사 地水師	8 수지 비 水地比
9 풍천 소축 風天小畜	10 천택 리 天澤履	11 지천 태 地天泰	12 천지 비 天地否	13 천화 동인 天火同人	14 화천 대유 火天大有	15 지산 겸 地山謙	16 뇌지 예 雷地豫
17 택뢰 수 澤雷隨	18 산풍 고 山風蠱	19 지택 림 地澤臨	20 풍지 관 風地觀	21 화뢰 서합 火雷噬嗑	22 산화 비 山火賁	23 산지 박 山地剝	24 지뢰 복 地雷復
25 천뢰 무망 天雷无妄	26 산천 대축 山天大畜	27 산뢰 이 山雷頤	28 택풍 대과 澤風大過	29 중수 감 重水坎	30 중화 리 重火離	31 택산 함 澤山咸	32 뇌풍 항 雷風恒
33 천산 둔 天山遯	34 뇌천 대장 雷天大壯	35 화지 진 火地晉	36 지화 명이 地火明夷	37 풍화 가인 風火家人	38 화택 규 火澤睽	39 수산 건 水山蹇	40 뇌수 해 雷水解
41 산택 손 山澤損	42 풍뢰 익 風雷益	43 택천 쾌 澤天夬	44 천풍 구 天風姤	45 택지 췌 澤地萃	46 지풍 승 地風升	47 택수 곤 澤水困	48 수풍 정 水風井
49 택화 혁 澤火革	50 화풍 정 火風鼎	51 중뢰 진 重雷震	52 중산 간 重山艮	53 풍산 점 風山漸	54 뇌택 귀매 雷澤歸妹	55 뇌화 풍 雷火豐	56 화산 려 火山旅
57 중풍 손 重風巽	58 중택 태 重澤兌	59 풍수 환 風水渙	60 수택 절 水澤節	61 풍택 중부 風澤中孚	62 뇌산 소과 雷山小過	63 수화 기제 水火既濟	64 화수 미제 火水未濟

런 판단을 할 수 없는 상황에서 점을 치는 겁니다. 특히 국가 대사, 전쟁이라든가 큰일을 해야 하는데 어떻게 해야 할지 판 단할 수 없을 때 점을 쳐서 답을 구했었죠. 지금 우리가 공부 하는『주역』은 공자가 살았던 춘추전국시대 이후로 본격적으 로 연구되었고 지금까지 전해지고 있는 건데요. 아주 오랫동 안 점을 치고 해석했던 내용들이 쌓이고 정리가 되면서 큰 국 가대사뿐만 아니라 개인이 자기 삶에서 부딪치는 문제들을 해 결하기 위해 참조하는 텍스트로 바뀐 것이죠. 이후 다양한 상 황에 처하게 될 때 어떻게 하면 좋을지에 대한 판단력, 통찰력 을 기르는 도구로 활용되면서『주역』은 사(士) 계층이 군자답 게 살아가기 위해 필수적으로 공부해야 할 텍스트로 자리매김 하게 됩니다.

'역'(易)의 두 가지 의미

'주'(周)라는 글자에 '주나라'와 '두루 통하는'이라는 의미가 있 다면 '역'(易)이라는 글자에도 두 가지 의미가 담겨 있습니다.

　　그 첫번째로 '역'이라고 읽을 때 '易'은 '바뀐다', '변한다'는 뜻입니다. 거기에는 '역이불역'(易而不易), '수시변역'(隨時變易)이 라는 두 가지 속성이 있어요. 먼저 '역이불역', '역이라는 것이 바뀌지 않는다'는 뜻인데요. 즉 세상만사는 계속해서 바뀌는

데, 그 바뀐다는 사실은 변하지 않는다는 거죠. 그런데 이게 마구잡이로 바뀌는 게 아닙니다. '수시변역', '시(時)에 따라서 바뀐다'고 했어요. 때[時]를 알아야 철이 들고, 철이라는 것이 바로 때지요. 인간은 때를 알아야 그것에 맞추어서 자기 삶의 선택을 제대로 할 수 있습니다. 계속해서 변화하는 시공간의 흐름, 때[時]를 파악하기 위해서 많은 경험과 지혜를 모아 놓은 것이 바로 『주역』인 거죠.

『주역』에서 시간의 흐름과 변화를 '역'(易)이라고 하는 건데요. '역', 바뀐다는 것은 두 가지 층위로 나누어집니다. 지금 우리는 '변화'라고, 구분하지 않고 말하지만 '역'은 '변'(變)과 '화'(化) 두 가지로 구분됩니다. 두 가지가 어떻게 다를까요. '변'(變)은 순차적이고 점진적인 변동을 말합니다. 예를 들면 어린아이가 태어난 다음 무럭무럭 자라서 나이가 들고 어른이 되고 늙어 가는 과정, 이런 것이 '변'(變)입니다. 반면 '화'(化)는 단절적이고 비약적인 변이를 말합니다. 그 이전과 이후가 질적으로 완전히 다른 존재가 되는 달라짐입니다. 인간이 태아가 되기 이전을 생각해 봅시다. 정자와 난자 이전에 우리는 모두 '농산물'이었다는 이야기가 있지요. 자연계의 원자나 분자로 존재하다가 생명체가 되고, 죽음 이후에는 다시 자연으로 돌아갑니다. 생사의 변곡점을 통과할 때 우리는 그 이전과 완전히 다른 존재가 될 수밖에 없고, 이런 단절적 도약이 바로 '화'(化)에 해당합니다. '역'(易)은 바뀜이고 '변'과 '화' 두 가지를 모두 포함하는 개념입니다. 우주만물이 순차적으로 바뀌기도 하고, 비약적으로 달라지기도 하면서 이런 변과 화가 끊임없이 계속되고 있다는 거죠.

두번째로 '易'은 '이'라고 읽을 수도 있는데요. 이 때 '易'은 '쉽다, 간단하다'는 뜻입니다. 뭐가 쉽다는 걸까요? 역이라는 것이 이 세계의 복잡다단한 변화를 모두 담고 있지만 그 원리는 간단하고 쉽다는 겁니다. 양(陽)과 음(陰)일 뿐이라는 거죠. 양은 강(剛)하여 굳세고, 음은 유(柔)하여 부드럽습니다. 양은 ━ 기호로, 음은 ▬▬ 기호로 표시하고 이 기호를 각각 '양효', '음효'라고 부릅니다. 이 기호들을 효(爻)라고 하는 건 '爻'라는 한자가 '본받다', '그었다'는 뜻을 가졌기 때문입니다. 양을 본받아 막대를 그은 것이 '양효', 음을 본받아 그은 것이 '음효'인 거죠.

양은 강하고, 크고, 높고, 올라가고, 세고, 밝고, 빠르고, 움직이는 것이라면 그것에 상대하는 음은 부드럽고, 작고, 낮고, 가라앉고, 약하고, 어둡고, 느리고, 고요한 것입니다.

세상만사가 너무나도 복잡하게 변화하고 있는 것처럼 보여도 그 안에 내재되어 있는 원리는 음과 양이라는 상대적 요

소의 상호작용에 의한 것일 뿐이라는 것이『주역』사유의 핵심이고요. 간이(簡易)하고 단순하게 우주의 변화와 인간사를 꿰뚫어 볼 수 있는 힘이 여기에서 나옵니다. 해가 떴다가 지고, 다시 또 떠오르는 시공간, 양이 자라나면 음은 감소하고, 음이 자라나면 양은 감소하는 일정한 운동성이 펼쳐지는 가운데 우리는 살아가고 있으니 말입니다.

　『주역』의 관점에서 보자면 고정된 것은 없고 상황과 관계 속에서 끊임없이 변하고 화하면서 살아가는 존재가 우리다! 왜? 온 우주가 변하고 화하기 때문에, 우리도 시간의 흐름 안에서 그 변과 화라는 리듬을 벗어날 수는 없다. 이런 생각이 텍스트가 된 것이 역(易)입니다. 이 세상에 존재하는 모든 존재가 태어난 이후로 상승하는 양의 기운이 커지면서 발생·생장하지만 어느 순간부터는 하강하는 음의 기운이 커지면서 수렴하고 마무리되죠. '생장수장'(生長收藏)의 변화양상을 음양의 운동성이라는 단순한 원리를 통해 파악할 수 있다면 때[時]를 아는 통찰력을 발휘할 수 있고 지혜롭게 대처하며 살아갈 수 있다고『주역』은 말해 주고 있습니다.

'역'(易)의 변천과정

후한의 학자 정현(鄭玄)은 역(易)을 상고역, 중고역, 하고역 세

『주역』의 성립과정

복희	문왕 주공	공자
기원전 3000년경. 용마의 하도를 보고 8괘를 만듦.	기원전 1000년경. 문왕이 64괘를 만들고, 주공이 괘사/효사를 붙임. 『역경』(易經)의 성립.	10익(翼)을 지은 것으로 알려짐. 춘추전국시대와 한대를 거쳐 『역전』(易傳)이 성립됨.

가지로 구분했는데. 이것은 『한서』「예문지」를 따른 것입니다. 먼저 기원전 3000년경 복희(伏羲)씨가 황하에서 나온 용마(龍馬)의 무늬를 보고 8괘를 만든 것이 상고역이고, 기원전 1000년 무렵 문왕(文王)이 유리(羑里)에서 64괘를 정리하고 괘사를 짓고, 거기에 그 아들 주공(周公)이 효사를 지어 붙인 것이 '역경'(易經) 본문이자 중고역이고, 기원전 500년경 공자가 역경에 대한 해설을 만들어 붙인 10익(翼)이 '역전'(易傳)이자 하고역이라는 거죠.

지금은 보통 경전(經傳)이라고 경과 전을 통틀어서 말합니다만, 경(經)은 성인(聖人)이 남긴 말씀이자 글을, 전(傳)은 후대의 현인(賢人)이 성인의 말씀을 풀어서 전하는 글을 가리킵니다. 그러니까 문왕과 주공이 남긴 괘사와 효사는『주역』의 경이고, 공자로 대표되는 후대 학자들이 경의 의미를 풀이해 놓은 일종의 리라이팅, 10개의 전[十翼]이 있는 것이지요.

『주역』의 경과 전에 관한 이야기는 잠시 후에『주역』의 구성에서 다시 설명하도록 하겠습니다. 8괘를 그리고 64괘로 만들고 괘사와 효사를 붙이는 상고역과 중고역의 단계에서『주역』은 빅데이터를 모아서 정리해 놓은 점술(주술)에 불과했다고 볼 수 있는데요. 하고역 단계에 이르러 괘사와 효사를 어떻게 해석해 낼 것인가에 관한 주석이 덧붙여지면서 철학(이성)으로 영역 이동이 일어났다고 볼 수 있습니다.

『주역』이 국가가 공인하는 텍스트로 공식화된 것은 기원전 136년 한무제(漢武帝)가 동중서(董仲舒)의 건의를 받아들여 5경박사 제도를 만들면서부터입니다. 5경을 담당하는 박사관을 두어 후학을 양성하게 한 것이지요. 5경은 다섯 가지 텍스트인데요.『시경』,『서경』,『역경』3경, 그리고『춘추』,『예기』까지가 5경이에요. 이 다섯 가지 텍스트를 분류해 보자면 문(文)·사(史)·철(哲)로 나눌 수 있어요. 문(文), 문학은 사람의 감수성을 계발하고 정서와 감정을 나누는 도구죠. 그러니『시경』이 문에 속하죠. 사(史), 곧 역사 텍스트는『서경』과『춘추』예요.

5경의 분류

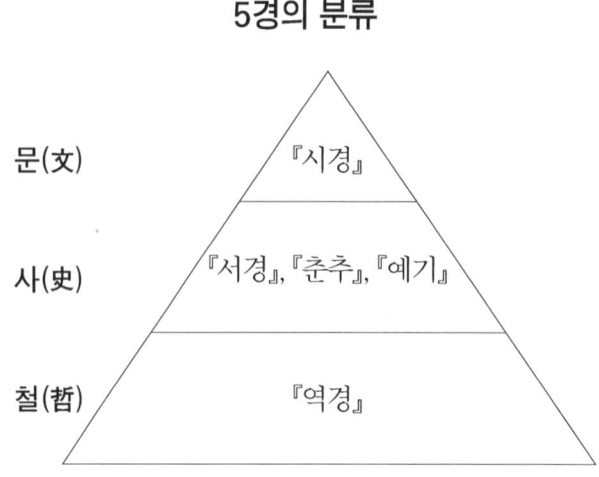

『서경』은 요·순에서부터 시작해서 많은 훌륭한 군주들이 신하들과 나눈 대화를 담은 기언체(記言體) 역사서고요,『춘추』는 언제 어디서 누가 무엇을 했는지 사건을 기록한 기사체(記事體) 역사서입니다. 언(言)과 사(事), 이게 뭘까요? 경험이죠. 인간의 경험을 축적해 놓은 것이 역사와 사회제도가 되는 것이니『예기』도 사(史)에 속한다고 할 수 있지요.『예기』라는 게 일상에서부터 특별한 상황에 이르기까지 이때는 무엇을 해야 하고 어떻게 해야 하는지 상세한 예법에 관한 내용을 모아 놓은 텍스트니까요.

　문사철의 피라미드 맨 밑바탕에 있는 철학이 바로 사유구조이자 패턴입니다. 까만 안경을 쓰고 세상을 보면 다 까맣게 보이잖아요. 그 안경에 해당하는 게 바로 철학입니다. 어떤 눈으로 세상을 볼 것인가, 이 세상을 어떻게 해석해 나갈 것인가에 대한 기본적인 관점을 제공해 주는 것이 바로 여기에 있어요. 동양 사유의 기본 토대가 바로 '역경'이라는 거죠. 그게 뭐라고요?! '음양으로 계속 바뀌어 나간다. 변하지 않는 건 없다. 이때 우리는 자기 자신을 천지의 변화에 맞추어 조율하면서 살아가야 한다. 그게 인간의 삶이다!' 이런 내용이 『주역』에 담겨 있습니다.

『시경』을 통해 사람들의 마음이 어떻게 움직이는가를 파악할 수 있고, 『서경』과 『춘추』를 공부하며 역사 속 인물들의 언행과 사건을 통해 식견을 높일 수 있고, 『예기』를 통해 사회 질서와 예법을 익힐 수 있다면 '역경', 곧 『주역』을 통해서는 이 모두를 아우르는 철학적 관점을 내면화할 수 있습니다. 5경이 확정된 이후로 『주역』은 지식인이라면 필수적으로 공부해야 할 텍스트로 자리잡게 되지요.

2장 _ 『주역』의 구조

이제 앞에서 언급했던 『주역』의 경(經)과 전(傳)에 관해 좀 더 자세한 이야기를 해보도록 하겠습니다.

역경(易經)

『주역』의 경(經)은 기원전 1000년 무렵 문왕과 주공이 지은 64괘의 괘사와 효사를 말하고 '역경'(易經)이라고 부르죠. 이것이 두 부분으로 나누어져 있어서 앞부분을 상경, 뒷부분을 하경이라고 해요.

64괘를 둘로 나누어 보라고 하면 여러분은 어떻게 나누시겠어요? 절반이니까 32괘씩 나누는 게 보통이겠지요? 그런데 『주역』 상경은 중천 건괘부터 시작해서 중화 리괘에서 끝나는 30개의 괘로, 『주역』 하경은 택산 함괘부터 시작해서 화수 미제괘로 끝나는 34개의 괘로 되어 있어요. 왜 이렇게 나눈 걸까요? 거기에 대해서는 의견이 분분합니다만 아무 의미 없이 죽간 분량이 엇비슷하게 되도록 나눈 것이라는 입장과 이렇게 나눈 분명한 이유가 있다는 입장으로 갈라집니다.

죽간 분량이 앞부분 30괘와 뒷부분 34괘가 비슷한 것은 각 괘마다 『주역』의 경과 전이 함께 묶여 있기 때문인데요. 중천 건괘와 중지 곤괘에만 다른 괘에는 없는 「문언전」이 붙어 있어서 분량이 많기 때문입니다. 제가 풀어읽은 『낭송 주역』(북드라망, 2019)을 보시면 중천 건괘는 20~38쪽, 중지 곤괘는 39~49쪽까지인데 그 이후로 이어지는 다른 괘들은 모두 네 쪽 정도의 분량인 것을 확인하실 수 있어요. 「문언전」이 수록된 다른 『주역』 책들을 보아도 마찬가지일 텐데요. 그래서 『주역』의 죽간을 반으로 나누었더니 30괘/34괘가 되었다는 거죠.

반면 『주역』 상경과 하경 구분에 특별한 의미를 부여하는 입장에서는 『주역』 상경을 '선천역', 『주역』 하경을 '후천역'이라고 부릅니다. 그 중 선천역은 우주의 생성과 변화 과정을 담고 있다고 보죠. 중천 건에서 시작해 중화 리괘에 이르는 배치는 하늘이 열리고 땅이 생겨난 이후 우주 만물이 어떻게 변화하는가를 설명하는 부분이고요. 상경의 마지막 두 괘(중수 감, 중화 리)로 우주를 이루는 근본 에너지를 설명하고 있다고 봄니다. 우리나라의 상징인 태극기에서 태극을 둘러싼 4개의 소성괘가 건(☰, 하늘)·곤(☷, 땅)·감(☵, 물)·리(☲, 불)인 것도 이런 생각과 맞닿아 있습니다.

선천역이 우주의 생성과 변화 과정이라면 후천역은 이미 만들어진 천지 사이에서 인간이 살아가는 과정을 담고 있다고 해요.『주역』하경의 첫번째 괘가 남녀가 만나 서로 감응하는 택산 함괘이고, 그 다음 부부의 인연을 맺고 살아가는 도리에 관한 뇌풍 항괘로 이어지고 변화가 이어지다가 결국 모든 것이 이루어진 수화 기제괘에서 다시 새로운 시작을 의미하는 화수 미제괘로 마무리되니까요.

『주역』을 상경과 하경으로 나눈 것에 의미를 부여하든 부여하지 않든 64괘로 이루어진『주역』이라는 텍스트는 상하 두 부분으로 나누어져 있습니다.

아주 예전에 ☰이나 ☷ 같은 기호[象] 상태였던 것에 위대한 자[聖人]인 문왕과 주공이 말[辭]을 매단 것[繫辭]이 바로 괘사와 효사입니다.

문왕이 지었다고 하는 괘사는 64괘의 주제문이라고 할 수 있는데요. 일부 학자들은 괘사를 '단사'(彖辭)라고 부르기도 했어요. 이 단(彖)이라는 글자는 '돼지 어금니'를 뜻하는데요. 단사는 '확실하게 끊어서 말한다, 핵심만을 말한다, 단언한다'라는 의미인 거죠. 괘사(혹은 단사)는 64괘의 의미를 설명한 말입니다. 문왕의 아들 주공이 지었다고 하는 효사는 64괘마다 각각 6개씩 들어 있는 각 효(384효+음효·양효)에 대한 설명이고요. 이 괘사(혹은 단사)와 효사가 『주역』의 경(經)입니다.

역전(易傳) : 10익(十翼)

앞에서 경(經)이 성인의 말씀이라면 전(傳)은 후대의 현인(賢人)이 성인의 말씀을 풀어서 전하는 글이라고 했어요. 『주역』의 전인 역전(易傳)은 '10익(翼)'이라고 불리는데요. 『주역』의 세계를 훨훨 자유롭게 날아다닐 수 있게 해주는 10개의 날개라고 할 수 있지요.

이걸 모두 공자가 지었다고 하지만 고증을 중시했던 청대의 학자들은 『주역』에 관한 이 초기 주석들이 춘추전국시대에서 전한 시대에 이르는 3, 4백 년에 걸쳐 만들어지고 한무제 때에 이르러 정리되었다고 봐요. 공자의 이름으로 기록을 남겼기 때문에 '공자가 지었다'고 한 거라는 얘기죠.

지금 『주역』을 공부하는 우리에게 이 10개의 전(傳)을 공자가 지었는지 아닌지는 중요한 문제가 아닙니다. 고증학자들의 주장을 인정한다고 해도 10익은 무려 2천 년 이전에 확정된 고전이니까요.

10익(十翼)

「단전」 (彖傳)	상	괘사에 대한 해석(우주적인 차원에서 논함).	괘사·효사 와 섞여서 편집됨
	하		
「상전」 (象傳)	상	「대상전」(大象傳) : 괘사의 상(象)을 보고 인간 이 해야 할 일을 말함.	
	하	「소상전」(小象傳) : 효사의 뜻을 풀이함.	
「문언전」 (文言傳)		건괘와 곤괘에 대한 여러 가지 추가 해설.	
「계사전」 (繫辭傳)	상	『주역』의 총론에 해당하는 일반적인 설명이며 활용론. 점서이던 『주역』이 철학서로 새롭게 해석될 토대를 제공함.	64괘 뒤에 따로 배치 됨
	하		
「설괘전」 (設卦傳)		자연이 변화하는 모습이 8괘에 담겨 있다는 점, 8괘의 형성과정, 복희 8괘와 문왕 8괘의 배 치가 서로 달라진 것과 그 이유를 밝힘.	
「서괘전」 (序卦傳)		건괘와 곤괘로 시작해서 기제괘와 미제괘로 끝나는 『주역』 64괘의 배열 순서를 설명함.	
「잡괘전」 (雜卦傳)		64괘를 음양이 바뀐 괘인 착괘, 180도 뒤집어 진 괘인 도전괘(종괘)끼리 묶어서 괘들의 관계 를 설명함.	

어찌되었든 5경이 확정될 때부터 『주역』은 경과 전 모두 그 중요성을 인정받았다고 보시면 됩니다. 이후 위(魏)나라 왕 필(王弼)이 64괘의 괘사와 효사에 주를 달고, 진(晉)의 한강백 (韓康伯)이 십익(十翼)에 주를 달았고요. 당나라 공영달(孔穎達)이 이것을 정리하고 자신의 주석인 소(疏)를 더해 『오경정의』(五經

正義)를 만들 때부터 괘사와 효사인 경(經)과 10익인 전(傳)을 똑같이 경문으로 인정해서 큰 글자로 본문 처리했습니다.

제가 강의하고 있는 인문학당 상우에서 공부하고 있는 『주역』교재의 원문은 명나라 영락제가 다시 정리한 영락대전본을 가지고 16세기 우리나라에서 언해를 붙인 것이고, 19세기에 출간한 판본입니다. 이 책에도 괘사와 효사인 경(經)과 10익인 전(傳)이 경문으로 인정되어 큰 글자로 본문 처리되었고, 정이천(程伊川)의 주석이 '전'(傳), 주자(朱子)의 주석이 '본의'(本義)라고 해서 작은 글씨로 달려 있어요.

'10익'(十翼)은 「단전」상·하, 「상전」상·하, 「계사전」상·하, 「문언전」, 「설괘전」, 「서괘전」, 「잡괘전」 이렇게 10가지라서 '10익'(翼)이라고 해요. 앞의 표에 정리해 두었고요. 64괘 중 15번째 괘인 지산 겸괘를 예로 들어 하나씩 설명해 보겠습니다.

지산 겸(地山 謙) ䷎

【괘사】 자신을 낮추는 겸의 때는 형통하니, 이때 군자는 자기가 해야 할 일을 끝까지 잘 마무리한다.

謙, 亨, 君子有終.
겸 형 군자유종

【단전】 「단전」에서 말했다.

"겸괘는 형통하다"는 것은 하늘의 도는 아래로 이어져 빛나고 밝으며, 땅의 도는 낮은 곳에서 그 기운이 위로 행하는 것이다. 하늘의 도는 가득 찬 것을 이지러지게 하며 겸손한 것을 더해 주고, 땅의 도는 가득 찬 것을 변화시켜 겸손한 데로 흐르게 한다. 귀신은 가득 찬 것을 해치고 겸손한 것에 복을 주고, 사람의 도는 가득 찬 것을 미워하고 겸손한 것을 좋아한다. 겸손함의 도는 높고 빛나며 낮추어 처신하여도 뛰어넘을 수 없으니, 군자의 끝마침이다.

彖曰, "謙, 亨", 天道下濟而光明, 地道卑而上行. 天道
단 왈   겸 형   천도하제이광명   지도비이상행   천도
虧盈而益謙, 地道變盈而流謙. 鬼神害盈而福謙, 人道
휴영이익겸   지도변영이류겸   귀신해영이복겸   인도
惡盈而好謙. 謙尊而光, 卑而不可踰, 君子之終也.
오영이호겸   겸존이광   비이불가유   군자지종야

【대상전】「상전」에서 말했다. 땅(坤, ☷) 속에 산(艮, ☶)이 있는 것이 겸괘이니, 군자는 이것을 보고 많은 곳에서 취하여 적은 곳에 더해 주며, 만물을 저울질하여 베풀기를 고르게 한다.

象曰, 地中有山, 謙, 君子以, 裒多益寡, 稱物平施.
상 왈   지중유산 겸 군자이   부다익과   칭물평시

【효사】 초육효, 겸손하고 겸손한 군자이니 이것을 써서 큰 강을 건너더라도 길하다.

【소상전】「상전」에서 말했다. "겸손하고 겸손한 군자"는 낮춤으로써 스스로를 기르는 것이다.

初六, 謙謙君子, 用涉大川, 吉.
초육   겸겸군자   용섭대천   길
象曰, "謙謙君子", 卑以自牧也.
상 왈   겸겸군자   비이자목야

【효사】육이효, 겸손함이 울려 드러나니, 올바르고 길하다.

【소상전】「상전」에서 말했다. "겸손함이 울려 드러나니, 올바르고 길함"은 마음속에서 스스로 얻는 것이다.

六二, 鳴謙, 貞, 吉.
육 이 명 겸 정 길

象曰, "鳴謙, 貞, 吉", 中心得也.
상 왈 명 겸 정 길 중심득야

【효사】구삼효, 공로가 있으면서 겸손함이니, 군자는 끝마침이 있어 길하다.

【소상전】「상전」에서 말했다. "공로가 있으면서 겸손한 군자"는 천하의 모든 백성이 존경하고 따른다.

九三, 勞謙, 君子有終, 吉.
구 삼 로 겸 군 자 유 종 길

象曰, "勞謙, 君子", 萬民服也.
상 왈 로 겸 군 자 만 민 복 야

【효사】육사효, 겸손함을 발휘하는데 이롭지 않음이 없다.

【소상전】「상전」에서 말했다. "겸손함을 발휘하는데 이롭지 않음이 없음"은 법칙에 어긋나지 않았기 때문이다.

六四, 无不利撝謙.
육 사 무 불 리 휘 겸

象曰, "无不利撝謙", 不違則也.
상 왈 무 불 리 휘 겸 불 위 칙 야

【효사】육오효, 부유하지 않아도 이웃을 얻으니 무력으로 치는 것이 이로우며 이롭지 않음이 없다.

【소상전】「상전」에서 말했다. "무력으로 치는 것이 이로움"은 복종

하지 않는 자를 정벌하는 것이다.

六五, 不富以其鄰, 利用侵伐, 无不利.
육 오 불부이기린 리용침벌 무불리

象曰, "利用侵伐", 征不服也.
상 왈 리용침벌 정불복야

【효사】 상육효, 겸손함이 울려 드러남이니 군대를 움직여 자신이
다스리는 곳을 단속함이 이롭다.

【소상전】 「상전」에서 말했다. "겸손함이 울려 드러남"은 겸손하고
자 하는 뜻을 얻지 못한 것이니, 군대를 움직여 자신이 다스리는 곳
을 단속해야 한다.

上六, 鳴謙, 利用行師, 征邑國.
상 육 명겸 리용행사 정읍국

象曰, "鳴謙", 志未得也. 可用行師, 征邑國也.
상 왈 명겸 지미득야 가용행사 정읍국야

지산 겸괘의 해석과 원문을 예시로 들어 놓았는데요. 이
하 설명할 내용의 이해를 돕기 위해 해석 앞에 그 글이 어디에
속하는 글인지를 표시해 두었습니다. 설명 들으시면서 참조하
시기 바랍니다.

지산 겸괘를 보시면, 괘 이름 바로 아래로 처음 나오는 것
이 **괘사**입니다. 괘사는 64괘 각각의 괘마다 그 괘가 처해 있는
상황이 어떤 상황인지를 단적으로 알려 주는 설명입니다. 지
산 겸괘의 괘사는 '자신을 낮추는 겸의 때는 형통하니, 이때 군

자는 자기가 해야 할 일을 끝까지 잘 마무리한다'라고 되어 있습니다.

괘사가 있고 그다음에 원문으로 가 보면 '彖曰~'로 시작하는 「단전」이 배치되어 있어요. 「단전」은 괘사를 풀이한 것인데요. 앞에서 괘사를 단사(彖辭)라고 부르는 사람들이 있었다고 했던 거 기억하시죠? 「단전」은 바로 그 사람들이 만든 괘사에 대한 주석이라고 보면 됩니다. 괘사를 단사라고 하니까, 시작이 '단왈'(彖曰~, 단에서 말하기를)이 된 거죠. 『낭송 주역』에서 저는 이걸 "「단전」에서 말했다"라고 풀었습니다.

앞서 32쪽의 표를 보시면 「단전」은 '괘사에 대한 해석'이고 '우주적인 차원에서 논한 것'이라고 했어요. 64괘의 「단전」을 보면 '이 괘에 해당하는 때에 음은 어떻게 움직이고 양은 어떻게 움직이며, 하늘은 어떤 상태이고 땅은 어떤 상태다'라는 이야기를 하고 있다는 거죠. 64괘의 괘사를 음양의 운동성이라는 관점을 가지고 설명하는 것이 「단전」입니다. 『주역』의 경문이 상·하경으로 나누어지니까 「단전」 역시 상·하로 나누어진 거고요. 겸괘의 「단전」도 역시 '하늘이 어찌어찌하고 땅이 어찌어찌하다'라고 설명하고 있지요.

「상전」에는 괘사를 설명하는 「대상전」과 효사를 풀이하는 「소상전」이 들어 있습니다. 그 중 「대상전」은 괘의 상(象)을 보고 이때 인간이 무엇을 해야 하는가를 설명합니다. 지산 겸괘의 「대상전」을 봅시다.

먼저 지산 겸의 기호[象] ䷎ 에 대해 "땅[坤, ☷] 속에 산[艮, ☶]이 있는 것이 겸괘이니"라고 위·아래 8괘의 배치로 설명합니다. 그리고 "군자는 이것을 보고 ~한다"(君子以~)라고 해서 이 상황에서 인간이 해야 할 일을 이야기하죠. 이 때 "以"는 '써 이' 자로 '그것으로써', '그것을 보고'라고 해석되는데요. 8괘의 배치를 통해 지금 상황을 파악하고 천지의 변화에 발맞춰 인간이 어떻게 살아가야 하는지를 밝힌 것입니다. 64괘의 「대상전」은 모두 이렇게 '象曰＋8괘의 종류와 배치＋君子以~'와 같은 형식으로 이뤄져 있습니다. '군자' 자리에 대인(大人), 군주[后], 선왕(先王), 윗사람[上]이 오는 괘도 있습니다만 모두 '사람이 ~해야 한다'라는 형식으로 되어 있는 것은 동일합니다.

지산 겸괘에서 군자는 높은 산이 낮은 땅속에 있으면서 자신을 최대한 낮추고 있는 모습을 보고서 그것으로써 자신이 해야 할 일을 생각합니다. 더없이 겸손한 자세로 자신이 맡은 사회적 책무("많은 곳에서 덜어 내 부족한 곳을 채워 주어서 천하에 고르게 베푸는 일")를 제대로 끝까지 해내야 하는 거죠.

「대상전」이 괘사에 대한 부연설명이라면 **「소상전」**은 효사를 풀이한 것인데요. 효사 아래에 붙은 "象曰~"로 시작되는 부분이 「소상전」입니다. 예로 든 지산 겸괘를 보시면 초육효부터 상육효까지 여섯 개의 효에 모두 효사가 나오고 그 아래에 「소상전」이 배치되어 있습니다.

괘사를 설명하는 「대상전」과 효사를 풀이한 「소상전」을 묶어 「상전」이라고 하는데, 「상전」 역시 역경 구분에 따라 상·하로 나뉩니다. 「단전」이 괘사를 가지고 음양의 관점에서 우주적 차원의 때[時]를 논하는 음양가의 해석이라면, 「상전」은 괘상의 구조를 가지고 이때 인간이 해야 할 일이 무엇인지를 논하고 효사의 내용을 풀이하는 유가의 해석이라고 볼 수 있습니다.

「문언전」(文言傳)은 글자 그대로 해석해 보면 '아름다운 말로 풀어 전하다'라고 할 수 있습니다. 64괘를 시작하는 중천 건괘와 중지 곤괘에만 「문언전」이 있어서 괘사와 효사에 대해서 설명이 추가되어 있는 거죠. 괘사와 효사를 설명하는 「단전」과 「상전」이 있는데도 그 내용을 더 확장해서 거듭 설명하는 「문언전」은 "文言曰~"로 시작합니다.

당나라 초기의 유학자 공영달의 『오경정의』(五經正義) 이후 10익 중 「단전」 상·하, 「상전」 상·하, 「문언전」은 『주역』의 괘사·효사와 섞여 편집되었습니다. 64괘 중 중천 건괘만 유일하게 '괘사 → 효사 → 「단전」 → 「대상전」 → 「소상전」 → 「문언전」' 순서로 배치되어 있고요. 건괘를 제외하고 나머지 괘들은 '괘사 → 「단전」 → 「대상전」 → 효사와 「소상전」' 순서로 배치되어 있지요. 중지 곤괘에만 효사와 「소상전」을 마치고 「문언전」이 이어지고요. 이런 배치는 천도를 상징하는 중천 건괘의 위상을 돋보이게 하려는 의도적인 편집이라고 볼 수 있겠습니다.

64괘 마지막에 있는 화수 미제괘가 '괘사 → 「단전」 → 「대상전」 → 효사와 「소상전」'으로 마무리되고 나면 「계사전」 상·하, 「설괘전」, 「서괘전」, 「잡괘전」이 이어집니다.

「계사전」 상·하는 각각 12장으로 이루어져 있는데 『주역』의 총론에 해당하는 일반적인 설명이며 활용론입니다. 『주역』에 관한 가장 유명한 해설서이면서 이전까지 점서에 머무르던 『주역』이 철학서로 새롭게 해석될 수 있는 토대를 제공하는 중요한 텍스트라고 할 수 있습니다.

「설괘전」은 『주역』의 기본단위인 8괘가 어떻게 만들어졌는지를 설명하고 복희 8괘와 문왕 8괘의 배치가 서로 다른 것과 그 이유를 밝히고 있습니다.

「서괘전」은 문왕이 『주역』 64괘를 어째서 이런 순서로 배열했는지, 앞괘와 뒷괘가 어떻게 이어지는지를 설명합니다.

마지막 **「잡괘전」**에서 '잡'(雜)은 '섞였다'는 뜻인데요. 64괘를 서로 음양이 바뀐 괘인 착괘, 180도 뒤집어져 있는 괘인 도전괘(종괘)끼리 묶어 각 괘들의 관계를 설명하는 내용입니다.

2부

『주역』의
기본 코드

3장 _ 괘와 효

8괘와 64괘

우리가 살아가면서 마주하게 되는 다양한 변화의 국면을 64
가지의 괘로 압축해 놓은 것이『주역』이고, 역을 구성하는 기
본 단위는 8괘라고 했습니다. 8괘는 음과 양을 상징하는 효를
세 번 그어서 만들지요. 3개의 효가 모두 양이면 건(☰), 모두
음이면 곤(☷)이 되고, 1효만 양이면 진(☳)·감(☵)·간(☶)이 되
고, 1효만 음이면 손(☴)·리(☲)·태(☱)가 됩니다. 음과 양으로
이루어진 두 가지 요소를 거듭해서 8괘를 만들고, 그 8괘를 한
번 더 올린 것이 64괘가 됩니다. 이때 3효로 이루어진 8괘를
작게 이루었다 해서 소성괘(小成卦)라 하고, 8괘를 겹쳐 쌓은
64괘를 크게 이루었다 해서 대성괘(大成卦)라고 부르지요.

　앞에서 읽어 본『주역』64괘 표에서 첫번째 나온 괘 이름

이 중천 건(重天 乾, ䷀)인데요. 이 기호가 왜 중천 건이냐고 물을 수 있습니다. 우리는 '건'(☰)의 기호를 보면 자연스럽게 '아디다스'를 떠올리지요? 하지만 옛사람들은 양효가 세 번 거듭된 '건'(☰)의 모양[象]을 보면 순수한 양의 기운으로 이루어진 '하늘'[天]을 자연스럽게 떠올렸어요. 그래서 '건'(☰)이 두 개 겹친 ䷀, 이 기호는 천(天)이 중(重)복되어 '중천 건'(重天 乾)이라는 이름을 갖게 된 것입니다.

중천 건괘 다음에 나오는 중지 곤(重地 坤) 역시 순수한 음의 기운으로 이루어진 '곤'(☷) 기호가 '땅'[地]의 상징이 되고, 이것이 두 개 겹쳐서 이루어진 ䷁는 지(地)가 중복되어서 '중지 곤'(重地 坤)이 되었지요.

☰, 이 기호는 소성괘 건(乾)이고 ䷀은 대성괘인 건(乾)으로 3획괘와 6획괘의 이름이 같습니다. 곤(坤)괘 역시 마찬가지지요. 이처럼 동일한 소성괘가 겹쳐서 생긴 대성괘는 64괘 중에서 8괘가 있고, 각각 '중수 감'(重水 坎), '중화 리'(重火 離), '중뢰 진'(重雷 震), '중산 간'(重山 艮), '중풍 손'(重風 巽), '중택 태'(重澤 兌)라고 불립니다.

앞의 19쪽 64괘 표에서 이렇게 같은 소성괘가 겹친 8개의 괘를 제외한 나머지 56개의 대성괘들을 보면 앞의 두 글자가 어떤 소성괘가 조합되었는지 알려 주고 뒤에 남는 한 글자 또는 두 글자가 대성괘의 의미를 담은 이름이 됩니다.

　예를 들어 세번째에 나와 있는 '수뢰 둔'괘(䷂)는 수(水, 구름)를 상징하는 '감'괘(☵) 아래에 뢰(雷, 우레)를 상징하는 '진'괘(☳)가 있는데, 하늘과 땅이 열려 우주가 시작되었을 때 만물이 우후죽순처럼 생겨나기 시작해서 천지 사이에 꽉 차 있는 상황을 의미하기에 '꽉 차서 통하지 않는다'는 뜻에서 '둔'(屯)이라고 이름한 것입니다.

　'산수 몽'괘(䷃)는 산(山)을 상징하는 '간'괘(☶) 아래에 수(水, 샘)를 상징하는 '감'괘(☵)가 있고, 만물이 생겨난 지 얼마 되지 않아 어리고, 어려서 잘 알지 못하는 상황을 의미하기에 '어린아이 또는 어리석음'을 뜻하는 '몽'(蒙)이라고 했고요. 나머지 괘 이름들 역시 이런 식으로 붙여졌다고 이해하시면 됩니다.

　『주역』의 64괘는 모두 두 개의 소성괘로 이루어져 있는데요. 위에 있는 소성괘를 외괘(外卦)·상괘(上卦)·상체(上體)라고 하고, 아래에 있는 소성괘를 내괘(內卦)·하괘(下卦)·하체(下體)라고 부릅니다.

효(爻)의 이름과 사회적 위치

64괘를 구성하고 있는 여섯 개의 효들은 아래에서부터 위로 자리를 차지하고 있는 건데요. 양효를 숫자 9로, 음효를 숫자 6으로 표시합니다. 그래서 모두 양효로 이루어진 중천 건괘의 효들을 순서대로 읽어 보면, 아래에서부터 '초구, 구이, 구삼, 구사, 구오, 상구'가 되고요. 모두 음효로 이루어진 중지 곤괘의 효들을 아래에서부터 순서대로 읽어 보면 '초육, 육이, 육삼, 육사, 육오, 상육'이 되지요.

효의 이름에 어떤 규칙이 있는지 촉이 좋으신 분들은 효들의 이름을 읽으면서 바로 감이 오셨을 수도 있을 텐데요. 맨 아래에 있는 초효와 맨 위에 있는 상효는 자리를 먼저 불러 주고 음(6)과 양(9)을 나중에 붙여 주고, 나머지 효들은 음(6)·양(9)을 먼저 부르고 자리를 붙여서 부르고 있습니다.

효의 순서와 이름

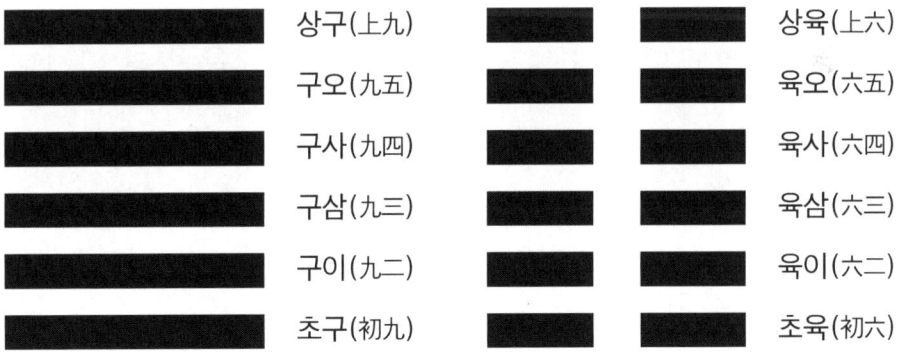

이렇게 부르는 건 초효와 상효에서는 음효인지 양효인지보다 그 자리가 주는 영향이 더 크고 강하기 때문이라고 볼 수

있어요. 초효와 상효의 자리를 무위(無位)라고 하는데, 이건 사회적 역할이 없다는 거예요. 초효는 나이가 어리고 괘의 상황이 지금 막 시작되어서 크게 벌어지지 않은 상태인 것이고요. 상효는 나이가 많아서 은퇴한 상태라 사회적 역할이 주어지지 않고, 괘의 상황이 거의 다 끝나가는 때라서 할 수 있는 일이 없음을 의미하지요.

중천 건괘로 보자면 초구효는 건(乾)의 시대가 시작될 때 아직 나이 어린 사람에 해당하는 것이고 상구효는 건의 시대가 끝나갈 때 '하늘을 날던 용의 자리'(九五, 飛龍在天)에서 '위로 솟구쳐 올라간 상태'(上九, 亢龍有悔)에 처한 나이 많은 사람에 해당하는 거죠.

하나의 괘를 구성하는 여섯 효가 아래에서부터 위로 올라가면서 그 괘의 시간이 흘러가는 것을 의미하기에 64괘의 상을 그릴 때에도 아래에서부터 위로 하나씩 효를 그려 나갑니다. 『주역』을 제대로 공부했는지 아닌지는 괘상을 그리는 것만 보고도 바로 알아차릴 수 있지요. 그러니 여러분도 이제부터는 아래에서부터 위로 효를 그려 나가셔야 합니다.

여섯 효는 괘에 해당하는 상황이 시간의 흐름에 따라 변해 가는 것이기도 하지만 어떤 상황에서 서로 다른 사회적인 위치에 놓인 사람들의 처지로 대입해 볼 수도 있습니다. 초효는 10대, 나이도 어리고 맡은 역할도 없는 자리라면, 이효는 평민 인재이며 재야의 고수입니다. 지금 사회적 역할이 크지는 않지만 그 영향력과 자질이 뛰어난 사람에 해당하지요. 삼효는 백성과 직접 만나 그들을 다스리는 목민관의 자리예요. 『목민심서』에 나오는 목민관이에요. 아래에 있는 소성괘에서는 가장 높은 자리죠. 이 자리에 있는 사람들은 다 뭘 꿈꾸죠? 중앙정계로 진출하기를 바라겠죠. 삼효의 입장에서는 아래 소성괘를 떠나서 왕과 함께 정치를 하는 대신이 되기를 꿈꿉니다. 사효는 왕 가까이에서 정치를 맡아 하는 대신의 자리예요. 권한도 많아지지만 책임도 막중하고 위태로운 자리예요. 오효는 군주의 자리이면서 전체 상황을 제어하고 주도하는 자리고요. 맨 위에 있는 상효는 노인이며 은퇴자의 자리입니다. 가끔 왕이 필요할 때 자문위원 같은 건 할 수 있어도 자기가 주도적으로 사회활동을 할 때는 아닌 거죠. 각 자리에 따라서 사회적 포지션과 역할이 이렇게 다르다는 겁니다.

하지만 이때 주의해서 보아야 할 게 중(中)의 자리예요. 아래 소성괘에서 중심은 목민관인 삼효가 아니라 평민 인재인 이효가 잡고 있어요. 아랫동네의 사상적 헤게모니를 이효가 장악한 거예요. 사회적 권한은 삼효가 더 크고 공적인 일도 더 많이 하는 게 맞지만 아랫동네 사람들을 주도하는 건 이효라는 거예요. 느낌 오시죠? 그럼 여기 윗동네의 헤게모니는 누가 잡고 있을까요? 오효가 잡고 있겠지요. 오효는 상류사회의 중심을 잡고 있으면서 전체에서도 이 상황을 주도하고 책임지는 자리인 거죠. 그래서 『주역』에서는 이효와 오효의 관계를 중요하게 봐요. 왜 그럴까요? 군주가 위·아래를 혼자서 다 감당할 수 없잖아요. 군주는 많은 사람들의 도움을 받아야 자기 역할을 할 수 있는 존재예요. 그런 군주에게 가장 필요한 도움을 줄 수 있는 사람이 바로 이효라는 거예요.

64괘가 원래 점서에서 출발했다고 하지만 그 점은 아무나 쳤던 게 아니고 아무 때나 쳤던 것도 아니에요. 국가 대사를 결정하지 못할 때 점을 치고 거기에서 나온 점사(占辭)를 받아서 군주가 자신의 정책과 처신을 결정했던 거죠. 그러니까 64괘는 64가지 군주의 생존법이라고 할 수 있는 겁니다. 이 상황을 타개하기 위해서 은퇴자를 찾아가서 조언을 구해야 할지, 재야에서 평민 인재를 발탁해서 써야 할지, 귀족이나 대신에게 의지해야 할지, 목민관을 움직여야 할지, 이런 것을 판단할 수 있다는 거예요. 많은 경험이 축적된 데이터를 64가지로 정리해 놓은 것이지요.

하지만 이건 옛날에 해당하는 이야기고요. 지금은 여러분 모두가 다 '군주'인 거죠. 각자 자기 삶의 주인이고 주도자니까요. 물론 다른 사람들과의 관계나 상황 속에서 어떤 경우에는 내가 초효의 자리에 가 있을 수도 있고 이효나 삼효, 사효, 상효의 자리, 어디에든 가 있을 수가 있습니다.

괘(卦)

『주역』에서 우주 만물이 펼쳐진 어떤 국면을 괘(卦)라고 말합니다. 그러니까 64괘라는 건 64가지의 상황이면서 어떤 특정한 때가 있다는 거예요. '괘'(卦)라는 글자는 '걸려 있다'는 뜻이에요. 초등학교가 아니라 국민학교를 나오신 분들은 선생님들이 지도 같은 시청각 자료를 보여 주실 때 종이에 그린 그림을 칠판에 걸어 놓고 보여 준 경험이 있으실 거예요. 그걸 괘도(掛圖)라고 하는데, '걸려 있는 그림, 그림을 걸다'라는 거죠. 그 괘(掛)와 통용되는 글자인 거죠.

대성괘를 하나 보도록 하죠. ䷎, 이건 앞에서 살펴보았던 지산 겸(地山 謙)괘예요. 이렇게 막대로 보이는 기호[象]를 통해서 지금이 어떤 때인지를 알 수 있도록 '걸려 있다'[掛], 이게 괘(卦)라는 거죠.

64괘의 주제문이 괘사예요. 괘사(卦辭). 각각의 괘마다 지금이 어떤 상황인지를 말로 알려 주는 거죠. 괘사가 제일 중요해요. 왜냐하면 지금이 어떤 때냐 어떤 상황이냐에 따라서 그 안에 있는 각각의 막대들이 다 다른 입장을 가지거든요.

앞서 살펴보았던 지산 겸괘에서 초육의 효사는 "겸손하고 겸손한 군자이니 이것을 써서 큰 강을 건너더라도 길하다"라고 되어 있어요. 다음 괘인 뇌지 예괘(䷏)에도 초육이 있어요. 그런데 이 초육의 효사는 "기쁨을 드러내어 울림이니, 흉하다", 이렇게 되어 있습니다(이 책 179쪽 참조). 어! 둘 다 초육인데 어째서 누구는 길하고 누구는 흉하다고 할까요? 달라요. 뭐가 다를까요? 제일 중요한 건 괘가 다르다는 겁니다. 처한 상황이 다른 거예요. 주제문이 다릅니다. 겸손할 때의 초육하고 기쁘고 화락할 때의 초육은 다른 존재인 거예요.

게다가 다른 효와 맺는 관계가 달라요. 지산 겸괘(䷠)에서 양효가 어디 있나요? 양이 아래에서 위로 세번째에만 있죠. 뇌지 예괘에도 양효가 하나만 있는데 그게 네번째 자리에 있어요(䷏). 이게 초육에게 영향을 줘요. 양이 어디에 있느냐에 따라서 음효인 초육이 망동하게 될 수도 있고요. 그렇지 않을 수도 있다는 거예요. 그래서 이렇게 해석이 확 달라지는 거예요.

생각해 보세요. 64괘 중에 초육이 32개가 있어요. 그런데 어떤 초육은 좋다고 하고 어떤 초육은 흉하다고 해요. 그러니까 어떤 상황이냐를 파악하는 게 정말 중요하겠죠. 이걸 괘사로 설명해 놓았어요. 괘·괘사는 전체적인 상황을 의미합니다.

상황과 조건을 말하기 때문에 이 괘사를 잘 파악해야 해요. 그래야 뭘 할 수 있다고요?! 시중(時中)할 수 있어요. 때를 알아야 때에 맞게 살아갈 거 아니겠어요. 또 다른 말로 중용(中庸)할 수 있어요. 중용은 '적중하기를 항상한다'는 거예요. '용'(庸) 자가 일상에서 늘 쓴다는 뜻이거든요. 매일매일 매 순간 적중하는 삶을 살아가는 게 중용이에요. 이것과 저것 양 극단의 중간을 택하는 게 아니고요. 그럼 적중을 계속하려면 어떻게 해야 할까요? 때가 계속 달라지니까, '계속 바꿔 나간다'라는 의미가 들어 있는 거죠. 그 순간 최선을 다하는 게 중용이에요. 매 순간 최선을 찾아내려면 지금 이 순간이 어떤 때인지 알아야 해요. 그걸 모르면 엉뚱한 짓을 하게 되고 헛발질을 하게 되니까요. 자신이 처한 때[時]를 알게 해 주는 것이 괘이고, 괘사라는 겁니다.

효(爻)

64괘는 각각 6개의 효로 이루어져 있습니다. 64괘×6효니까 총 384효가 있어요. 그 384효 중에서 반은 양효고 반은 음효예요. 음하고 양밖에 없으니까. 양효는 ━, 이렇게 그리고 초구, 구이, 구삼, 구사, 구오, 상구라고 부릅니다. 음효는 ━ ━, 이렇게 그리고 초육, 육이, 육삼, 육사, 육오, 상육이라고 부르죠.

그런데 효를 설명하는 효사(爻辭)는 386효사가 있어요. 숫자가 맞지 않습니다. 음과 양을 본받아 그은 효는 384개인데 그걸 설명한 효사는 두 개가 더 있는 거죠. 어째서 그런 걸까요?

중천 건괘 효사를 볼까요. 이 책 149쪽을 보시면, "초구효, 물에 잠긴 용이니 쓰지 말라"로 시작해서 구이효, 구삼효, 구사효, 구오효, 상구효 효사가 이어집니다. 보통 다른 괘는 이렇게 상효로 끝나는데, 중천 건에는 그 뒤에 "용구, 여러 용을 보되 우두머리가 되지 않으면 길하다"라는 효사가 더 붙어 있어요. 용구(用九)는 양(陽)을 쓴다는 것은 무엇인가를 설명하는 효사예요. 중천 건괘의 여섯 양효에 대해서는 이미 다 설명했는데, 양이라는 에너지를 쓰는 것은 어떻게 해야 하는지를 설명하는 효사가 하나 더 추가된 거예요. 그리고 151쪽에서 중지 곤괘를 보면요. "초육효, 서리를 밟으면 단단한 얼음이 이르게 된다"라는 효사로부터 시작해서 육이효, 육삼효, 육사효, 육오효, 상육효까지 효사가 이어지고, 마지막에 "용육, 오래도록 지속함과 올바름을 굳게 지키는 것이 이롭다"라는 효사가 더 있어요. 이렇게 건괘와 곤괘에 하나씩의 효사가 더 붙어서 효사는 386효사가 있는 거예요. 64괘를 시작하는 중천 건, 중지 곤괘에서 양의 기운·음의 기운을 쓴다는 것에 대해서 용구와 용육으로 설명하고 들어가는 거라고 생각하시면 됩니다.

효(爻)는 '그었다'는 건데요. 효가 의미하는 게 무엇인지 궁금하시죠? 괘라는 특정 상황과 시간 속에서 사람들은 각각 다른 처지에 있어요. 똑같은 상황과 국면을 맞이했더라도 사람들은 각자 입장과 처지가 다르지요. 그들 각자에게 어떤 일들이 벌어지는가 말해 주고 있는 게 효사예요. 그 상황, 그 자리에 있는 사람은 무엇을 보게 되는가, 어떤 생각을 하게 되는가, 어떤 욕망을 갖게 되는가를 말해 주는 거죠. 그래서 효사에는 그 상황에서 그 지점에 처한 사람이 빠지기 쉬운 함정에 대한 경고가 많이 들어 있어요.

앞에서 봤던 지산 겸괘에서 "초육효, 겸손하고 겸손한 군자이니"는 이 괘의 초육효가 그렇다는 거예요. 그래서 어떻게 하라고 합니까? '이 사람은 초육이라 나이도 어리지만 이 사람을 등용해서 큰일을 할 수 있어, 그리고 길해.' 이렇게 이야기하고 있잖아요. 반면 뇌지 예괘에서 초육효는 어떤가요? 기쁘다고 난리치는 애예요. 기쁘다고 울어 젖히는 거죠. '아우 기뻐 죽겠네!' 이러면서요. 그래서 흉해요.

그럼 뇌지 예의 초육은 왜 이럴까요? 일단 괘가 달라서 처한 상황이 완전히 다르고요. 구사효로 인해서 망동하게 된 거예요. 뇌지 예괘 구사효 효사를 읽어 볼까요? "구사효, 기쁨이 구사효로 인해 말미암는 것이니 크게 얻음이 있다.⋯" 이렇게 되어 있죠. 지금 뇌지 예괘는 땅 위로 우레가 울리듯이 온 천하가 기쁘고 화락할 때인데 그 기쁨과 화락함을 만드는 사람이 구사라는 거예요. 네번째 자리는 대신의 자리예요. 다섯번째 자리가 군주의 자리고요. 군주 바로 아래에서 큰 역할을 하는 자리가 4효의 자리예요. 그런데 뇌지 예괘를 보면 구사효 빼고는 모두 음효예요. 음이라고 하는 건 나서기 싫어하고 능력도 부족한 거예요. 이 상황에서 홀로 양효인 이 구사 대신이 온 천하의 기쁨을 위해 몸 바쳐 일하고 큰 성과를 얻는 거예요. 초육 입장에서는 구사가 자기 짝꿍이거든요. 정치를 너무 잘해서 천하를 화락하게 만드는 대신이 자기 짝꿍이어서 기쁘다고 마구 나대요. 그래서 초육이 흉하게 된 거죠.

하지만 지산 겸괘에서 초육은 자기 짝꿍이 음이에요. 육사효거든요. 짝꿍이 서로 음양이 맞을 때라야 나를 끌어 주고 당겨 줄 수 있는 거예요. 음이 음을 만나거나 양이 양을 만나면 서로 당겨서 연결된다기보다는 서로 상관없이 각자의 길을 가는 상황인 겁니다. 지산 겸괘의 초육은 위에서 당겨 주는 짝꿍이 없고 음이면서 가장 아랫자리에 있는 것은 본래 있어야 할 제자리를 찾아간 것으로 봐요. 그래서 자신을 낮추어 처신하고 겸손하고 겸손할 수 있다는 거예요.

대부분 초효는 흉하다는 데까지 잘 안 가거든요. 초효라는 게 괘의 상황이 시작되는 때이면서 사회적으로 보면 나이도 어리고 맡은 역할도 없는 자리예요. 청소년이고 공부하는 학생의 자리인 거죠. 일반적으로 큰일도 할 수 없지만 흉함에 이르기도 어려워요. 뇌지 예괘의 초육은 왜 이렇게 흉할까요? 짝꿍인 구사가 이 세상 전체를 아우르는 훌륭한 대신이라는 게 뇌지 예괘의 초육을 정신 못 차리고 망동하게 만드는 거죠.

초육이 구사를 쳐다보면서 자기를 끌어 줄 거라고 믿으면서 기쁘다고 떠벌리고 다녀서 흉하지만 구사 입장은 어떨까요? 구사는 나랏일하고 천하를 기쁘게 하느라 바빠요. 양이라서 능력이 있는데 그 능력을 천하를 위해서 쓰는 사람이다 보니 짝꿍인 초육에게 얽매이지 않아요. 이렇게 똑같은 괘에 해당되어 있으면서도 각자 입장과 생각이 달라요. 그걸 세세히 밝혀 놓은 것이 효사입니다. 우리가 괘사를 읽는 것은 전체적인 상황이 어떤 때인가를 알기 위해서이고, 효사를 읽는 것은 그 상황 안에서도 각기 다른 입장들이 있다는 것을 살펴보기 위해서입니다.

삼재(三才)

64괘는 다 6개의 효로 이루어져 있어요. 그래서 위에 있는 오효와 상효를 '천'(天), 아래 있는 초효와 이효를 '지'(地), 가운데 있는 삼효와 사효를 '인'(人)이라고 보기도 해요. '천지인'라는 개념이 『주역』 안에 들어와 있어요. 이걸 '삼재'(三才)라고 하죠. 대성괘에서 삼효와 사효가 인간의 자리인데요. 하늘과 땅 사이에서 인간이 어떻게 살아가야 하는가에 대해 묻고 답하는 게 『주역』입니다. 삼효와 사효 효사에는 경계하는 말이 많아요. 어째서 그럴까요? 삼효와 사효는 아래 있는 소성괘가 끝나는 곳이고 위에 있는 소성괘가 시작되는 자리예요. 어떤 국면이 한 번 마무리되고 다시 새롭게 시작되는 자리인 거죠. 여기가 굉장히 주의해야 할 자리예요. 큰 변동이 일어나는 변곡점이니까요.

그럼 이렇게 위태로운 상태에 놓인 인간은 어떻게 살아야 한다고 『주역』은 이야기하고 있을까요? 『주역』에서 사람의 상태를 표현하는 말로 '정'(貞)이라는 글자가 참 많이 나와요. 이 글자는 '바르다, 올곧다'라는 뜻을 가지고 있어요. 『주역』에서는 세 가지 정도로 변주되는데요. 우선 이 정(貞) 자 뒤에 바를 정(正) 자가 붙어서 나오면 '반듯하다, 바르다'는 뜻이 되고 올바른 삶의 자세를 의미하는 좋은 뜻이에요. 그다음에는 '정고(貞固)하다'라고 '굳을 고'(固) 자가 붙는 경우가 있어요. '정고하다'는 건 좋을까요? 나쁠까요? 두 가지가 다 해당됩니다. 어떨 때는 견고하게 자신의 올바름을 지켜서 좋은 것이 되고요. 어떨 때는 자신이 옳다고 고집하는 것이라 위태롭거나 허물이 되는 경우가 있어요. 글자로 보면 똑같은 정(貞)이고 정고(貞固)한 상황이지만 그것이 신념이 되는가 고집이 되는가에 따라 길흉이 달라지는 것이지요. 마지막으로 정(貞) 다음에 구(久) 자가 붙어서 해석되는 경우가 있어요. 이것은 오래도록 그 상태를 유지한다는 것이고 보통 좋을 때 써요. 올바름을 유지하기 때문에 오래갈 수 있다는 뜻이 되니까요.

『주역』에서 정(貞)과 함께 또 하나 주목해야 할 게 '부'(孚)라는 글자예요. 이 글자는 사전에서 찾아보시면 '미쁠 부'라고 되어 있어요. '이쁘다'도 아니고 '미쁘다'는 건 뭘까요? '미덥다'고 풀이할 수 있어서 이걸 '믿을 신'(信) 자로 해석하는 분들도 있는데요. 부(孚)와 신(信)은 서로 다릅니다. 이 '믿을 신'(信) 자는 상대방이 나를 믿어 주는 거예요. 서로 관계 안에서 믿음이 생길 때 이 글자를 써요. 그런데 부(孚)는 뭐냐 하면 남이 나를 믿거나 말거나 간에 내가 '미덥다', '믿을 만하다', '나의 내면이 꽉 차서 충실하고 알차다', '내가 진실한 사람이다'라는 거죠. 그래서 내적 진실성을 가리키고 내면에 가득 쌓여서 걸으로 드러나는 미더움을 말할 때 이 부(孚) 자를 쓰는 거죠. 그래서 '유부'(有孚), '내면에 꽉 찬 진실한 마음과 성실성이 있다'라면 당연히 형통하고 길하고 좋아요.

이 부(孚)의 상태를 『논어』에 나오는 말로 바꾸면 '충'(忠, 충실함)이 되고, 『중용』에 나오는 말로 바꾸면 '성'(誠, 성실함)이 됩니다. 사람이 진실하고 성실하고 충실하다면 그보다 더 좋은 인간의 길은 없다. 『주역』은 이렇게 말해 주고 있습니다. 인간의 길을 충실하게 걸어가기 위해서 자신이 처한 상황을 잘 이해해야 하고 거기에서 빠지기 쉬운 함정들을 파악하고 있어야 한다고 말이지요.

그럼, 『논어』와 『중용』에서 충(忠)과 성(誠)을 언급한 부분을 읽으면서 다음 장으로 넘어가도록 하겠습니다.

子曰; 君子, 不重則不威, 學則不固. 主忠信, 無友不如己者,
자 왈 군자 부중즉불위 학즉불고 주충신 무우불여기자
過則勿憚改.
과 즉 물 탄 개

공자께서 말씀하셨다; 군자는 신중하지 않으면 위엄이 없게 되니 배움이 견고해지지 않는다. 충(忠, 자기 충실성)과 신(信, 신뢰)을 주로 하고 자기보다 못한 자를 벗 삼지 않으며 허물이 있으면 고치기를 꺼리지 말아야 한다. ─『논어』, 「학이편」 8장

誠者, 物之終始, 不誠無物. 是故, 君子, 誠之爲貴.
성 자 물 시 종 시 부 성 무 물 시 고 군 자 성 지 위 귀

성(誠)은 만물의 처음과 끝이니, 성실하지 않으면 만물이 없게 된다. 그러므로 군자는 성실함을 귀하게 여긴다. ─『중용』 25장

4장 _ 태극에서 8괘로 : 음양 3변(變)

『주역』 입문 강의에서 가장 중요한 부분을 지금부터 시작하겠습니다. 태극에서 8괘로 음양이 변하기를 세 번 하는 것, 그것이 8괘가 이루어지는 과정이라는 얘기입니다. 이 과정을 표로 만들면 아래와 같습니다.

팔괘 (八卦)	곤 (坤, ☷)	간 (艮, ☶)	감 (坎, ☵)	손 (巽, ☴)	진 (震, ☳)	리 (離, ☲)	태 (兌, ☱)	건 (乾, ☰)
사상 (四象)	태음 (太陰 ⚏: 6)		소양 (少陽 ⚎: 7)		소음 (少陰 ⚍: 8)		태양 (太陽 ⚌: 9)	
양의 (兩儀)	음(⚋)				양(⚊)			
태극 (太極)	도(道), 일양일음(一陽一陰)							

자, 여기서 출발이 어디라고요? 맨 아래의 태극(太極)이지

태극도

요. 태극은 음과 양이 계속 갈마들면서 돌고 있는 모양이잖아요. 다른 말로 '도'(道)라고 부르고요, '일양일음'(一陽一陰)이라고도 해요. 한 번 양이었다가 한 번 음이 되고 그런 변화가 계속 일어나고 있는 상태라는 거죠. 음양이 구분되지 않은 채로 계속 돌고 도는 상태를 태극이라 하는데 이게 우주와 만물의 기원이고 빅뱅우주론에서 말하는 '특이점'이라고 볼 수 있어요. 우주의 역사를 설명할 때 빅뱅 이전에는 온 우주의 물질과 에너지가 한 점으로 뭉쳐 있었다고 하고 그걸 특이점이라고 해요. 특이점 상태에서는 우주를 구성하는 모든 물질과 에너지가 서로 나누어지지 않은 상태로 뒤섞여 있고, 물질은 에너지로 에너지는 물질로 계속 바뀌고 있었다고 하죠. 이걸 음양으로 설명하면 물질은 음이고 에너지는 양에 해당되고요. 음과 양이 분리되지 않고 갈마드는 상태가 태극인 거지요. 주자는 이것을 리(理)라고 하고, 노자는 도(道), 장재는 기(氣)라고 했어요. 표현은 다르지만 모두 태극을 가리키는 말이에요. 음양이 분화되지 않은 채로 계속 상호전환되고 있는 상태, 여기에서 우주가 시작된다고 보는 거죠.

이 태극에서 음양이 한 번 변할 때 양(陽)이 먼저 튀어나온다는 거예요. 양이 빠르고, 강하고, 크고, 높고, 밝고, 움직이고, 퍼져서 형태가 없는 것이라면 상대적으로 음은 느리고, 부드럽고, 작고, 낮고, 어둡고, 고요하고, 뭉쳐서 형태가 있는 상태입니다. 그래서 양이 먼저 움직이면 음이 뒤에 남게 되는 거예요. 음양이 분화되지 않은 태극에서 한 번 변해서 음과 양이 구분이 되는 단계를 양의(兩儀, 두 가지 작용)라고 합니다. 태극을 특이점이라고 본다면 양은 에너지이고 음은 물질이라고 할 수 있어요. 특이점(태극) 상태에서는 물질(음)과 에너지(양)가 분간되지 않고 계속 상호전환되고 있지만 우주가 시작되면서 물질과 에너지가 나누어지는 단계가 바로 여기에 해당되는 거죠. 그런데 물질과 에너지는 고정된 것이 아니라 물질은 에너지로 에너지는 물질로 변할 수 있어요. 음이 양으로 양이 음으로 변할 수 있는 것처럼 말이지요. 그러니까 물질(음) 안에도 물질(음)과 에너지(양)가 들어 있고 에너지(양) 안에도 물질(음)과 에너지(양)가 들어 있다고 볼 수 있는 겁니다.

태극에서 출발한 음과 양이 다시 한 번 더 변하면 4가지가 됩니다. 이걸 사상(四象)이라고 부릅니다.

사상 (四象)	태음 (太陰 ⚏: 6)	소양 (少陽 ⚎: 7)	소음 (少陰 ⚍: 8)	태양 (太陽 ⚌: 9)

⚏ 기호를 태양이라고 부르고 '노양'(老陽)이라고도 하는데요. 아래도 양이고 새로 생긴 것도 양이에요. 양이 많아서 '태양'이고 옛날에도 양이고 지금도 양이라서 오래된 양이니까 '노양'이라고 불러요. 빠르게 움직이는 양에서 다시 양이 튀어나온 거니까 제일 먼저 생기는 녀석이에요.

사상 중에 가장 늦게 생기는 것은 음에서 또 다시 음이 남아서 된 ⚏인데요. 이 기호는 음이 가장 많아 태음이라 하고, 오래된 음이라서 '노음'(老陰)이라고 해요. 여기까지는 쉽지요?

사상의 나머지 둘은 모두 음양이 섞여 있는 상태인데요. 태극에서 출발할 때는 양이었다가 새로 음이 남아서 된 것이 소음⚎이고요, 음에서 출발해서 양이 새로 생겨난 것이 소양 ⚍입니다. 이 둘은 새로 생겨난 작용으로 이름을 붙였어요. ⚎는 어린 음이라서 소음(少陰)이 된 거고요. ⚍는 어린 양이라서 소양(少陽)이라고 한 거죠.

앞에서 음효 ⚋를 읽을 때 아래부터 순서대로 초육, 육이, 육삼, 육사, 육오, 상육이라고 읽었지요. 양효 ⚊는 초구, 구이, 구삼, 구사, 구오, 상구라고 읽었고요. 어째서 음효를 6이라고 하고, 양효를 9라고 하는가를 이해하려면 먼저 태음, 소양, 소음, 태양을 각각 6, 7, 8, 9 라는 숫자로 표현할 수 있다는 걸 아셔야 해요.

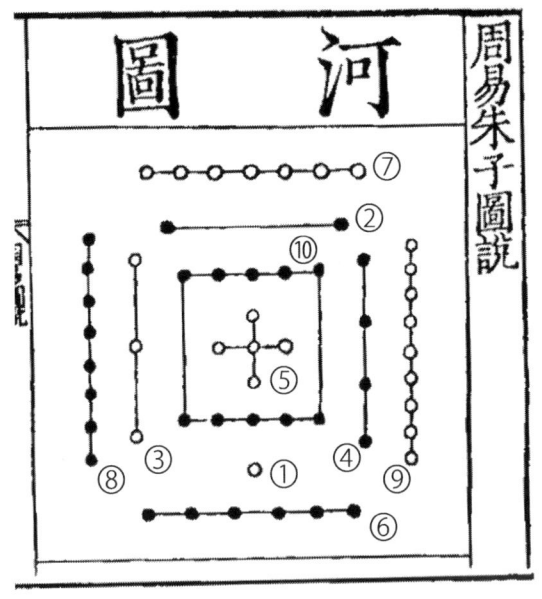

①이 ⑤를 만나서 변하면 ⑥(태음)

②가 ⑤를 만나서 변하면 ⑦(소양)

③이 ⑤를 만나서 변하면 ⑧(소음)

④가 ⑤를 만나서 변하면 ⑨(태양)

이걸 이해하기 위해서 복희씨가 그렸다는 하도(河圖)를 볼 게요. 위의 그림을 보시면 되는데요. 하도는 황하에서 나온 용마의 몸에 새겨진 무늬를 보고서 만들었다고 합니다. 위의 그림을 보면 가운데 다섯 개의 점과 그것을 둘러싼 10개의 점으로 이루어진 사각형이 있습니다. 그 바깥으로 1부터 4까지의 수가 사방(四方)에 배치되어 있는데 각각 수(水), 화(火), 목(木), 금(金)에 해당됩니다. 5가 중앙에 있어서 사방을 중재하고 변화를 만들어 내는 토(土)의 작용을 의미하고요.

이때, 1부터 5까지의 수를 생수(生數)라고 하고, 6부터 10까지의 수를 성수(成數)라고 하죠. 생수는 아직 현실화되지 않은 잠재적 기운의 상태[質]라고 볼 수 있다면 성수는 구체적인 형체로 현실화된 상태[形]를 의미하고요. 5를 둘러싸고 있는 10은 변화가 거듭된 상태로 질과 형으로 이뤄진 이 세상이 마무리되고 다음 세상이 열리는 연결통로라고 볼 수 있습니다.

음과 양이라는 두 가지 작용을 단계적으로 나누어 놓은 것이 오행(五行)입니다. 오행에도 숫자가 연결되는데요. 앞에서 보았듯이 수(水)는 1, 화(火)는 2, 목(木)은 3, 금(金)은 4, 토(土)는 5입니다. 오행을 음과 양으로 구분해 보면 생장(生長)하는 목과 화는 양에 해당하고 수장(收藏)하는 금과 수는 음에 해당합니다. 변화를 매개하는 토는 양과 음 둘 다에 해당하고요. 그러니까 1부터 5까지의 수는 음양을 다른 방식으로 표현한 것이라고 할 수 있습니다.

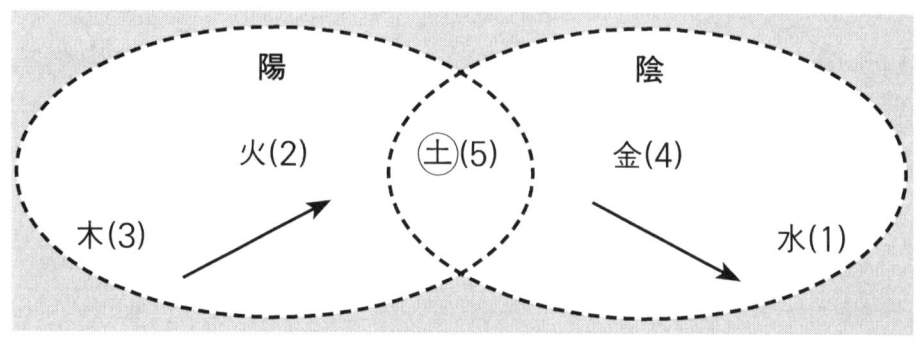

음양이 변해서 사상이 만들어지는 것을 오행의 변화로 바꾸어 보면 1(水)이 5(土)를 만나 6이 되고, 2(火)가 5를 만나 7이 되고, 3(木)이 5를 만나 8이 되고, 4(金)가 5를 만나 9가 되는 것

에 해당합니다. 그래서 태음, 소양, 소음, 태양의 사상이 6부터 9까지의 성수와 연결이 되는 겁니다.

태음, 소양, 소음, 태양이 각각 6, 7, 8, 9라는 숫자가 된 것은 어째서일까요? 숫자에서 음양을 구분할 때 짝수는 음이고 홀수는 양입니다. 그러니까 6부터 9까지 숫자 중에서는 6과 8이 음이고 7과 9가 양인 거죠. 양의 숫자인 7과 9 중에서 숫자가 더 큰 쪽인 9가 태양이 되고, 작은 쪽인 7이 소양이 됩니다. '크다'에 해당하는 양은 새로 생긴 것보다 오래된 것이 더 커질 테니까요. 마찬가지로 음의 숫자인 6과 8 중에서는 숫자가 작은 쪽인 6이 태음이 되고, 큰 쪽인 8이 소음입니다. '작다'에 해당하는 음은 오래될수록 쪼그라들 테니까요.

양효 ━를 9라고 하는 건 태양(⚌, 9)과 소양(⚎, 7) 중에서 순수한 양으로 되어 있고, 양이 극에 달해서 다음 순간 음으로 변할 것을 앞두고 있는 것이 태양(⚌, 9)이기 때문입니다.

음효 ╍를 6이라고 하는 것도 마찬가지로 태음(⚏, 6)과 소음(⚍, 8) 중에서도 순수한 음으로 되어 있고, 음이 극에 달해서 다음 순간 양으로 변할 것을 앞두고 있는 것이 태음(⚏, 6)이기 때문이지요. 『주역』에서는 변화를 중시하기 때문에 변할 수 있는 태양과 태음이 각각 양과 음의 대표가 되는 겁니다.

태극에서 1변하면 음양이 되고, 음양에서 2변하면 사상이 됩니다. 사상에서 다시 한 번 더 음양 변화가 일어나면 8괘가 만들어진다는 거예요.

팔괘 (八卦)	곤 (坤, ☷)	간 (艮, ☶)	감 (坎, ☵)	손 (巽, ☴)	진 (震, ☳)	리 (離, ☲)	태 (兌, ☱)	건 (乾, ☰)

음양 3변의 과정을 한 줄로 정리해 보면 이렇게 됩니다.

태극(太極) → 양의(兩儀) → 사상(四象) → 팔괘(八卦)

5장 _ 소성괘의 이해

음양이 3변해서 만들어지는 팔괘를 소성괘(小成卦)라고 하는데, 이게 『주역』의 기본단위예요. 영어의 알파벳 같은 거죠. 『주역』 공부를 하기 위해서 소성괘에 대해 알고 있어야 할 내용들을 다음 쪽에 표로 정리해 놓았어요. 이 표를 보면서 소성괘에 대해 하나하나 살펴보겠습니다.

건(乾)

☰, 이렇게 양효 3개로 이루어진 소성괘 이름이 건(乾)이고요. 숫자로는 1, 상징하는 것은 하늘(天)이에요. 그래서 일건천(一乾天)이라고 했어요. 태극에서 양이 나오고 거기서 또 양이 나오고, 마지막에 다시 양이 튀어나온 거니까 제일 먼저 생겨서 숫자 1이 된 거고요. 처음부터 끝까지 순수한 양의 기운으로

괘상(象)	이름	괘의 수(數)와 상징	괘의 구조	오행	성정(性情)
☰	건(乾)	일건천 (一乾天)	건삼련 (乾三連)	양금 (陽金)	강건하다, 굳세다 (健)
☱	태(兌)	이태택 (二兌澤)	태상절 (兌上絶)	음금 (陰金)	기쁘다(說)
☲	리(離)	삼리화 (三離火)	리중절 (離中絶)	화 (火)	걸려 있다(麗)
☳	진(震)	사진뢰 (四震雷)	진하련 (震下連)	양목 (陽木)	움직인다(動)
☴	손(巽)	오손풍 (五巽風)	손하절 (巽下絶)	음목 (陰木)	들어가다(入)
☵	감(坎)	육감수 (六坎水)	감중련 (坎中連)	수 (水)	빠지다, 험하다 (陷, 險)
☶	간(艮)	칠간산 (七艮山)	간상련 (艮上連)	양토 (陽土)	그치다(止)
☷	곤(坤)	팔곤지 (八坤地)	곤삼절 (坤三絶)	음토 (陰土)	순하다(順)

만 이루어진 것이라서 하늘이라고 했어요. 우리가 살고 있는 세상에서 가장 높고 높은 것이 하늘이니까요. 소성괘를 『주역』의 알파벳이라고 했잖아요. 알파벳을 외우는 것처럼 이것도 외우셔야 하는데요. 어떻게 외우느냐? '일건천 건삼련, 이태택 태상절, 삼리화 리중절……, 팔곤지 곤삼절' 이렇게 말로 외우

셔야 해요. '일건천'은 소성괘의 '숫자+이름+상징'이고요. 건삼련(乾三連)은 소성괘의 구조를 말하는 건데, '건괘는 세 줄이 이어져 있다'는 거예요. 팔괘를 외울 때 '일건천 건삼련'이라고 말하면서 세 줄이 모두 양효인 모양 ☰을 홀로그램처럼 떠올리는 연습을 하셔야 해요. 이 세 줄이 눈 앞에서 쫘악 지나가야지 64괘를 보고 자유자재로 그 이름을 불러 줄 수 있는 거예요.

괘의 구조 다음에 팔괘를 오행에 배속한 것이 앞 쪽의 표에 나와 있는데요. 『주역』에서 오행은 택풍 대과, 지풍 승, 수풍 정, 화풍 정, 풍산 점괘에서 오손풍(☴), 즉 손괘를 '바람'이 아니라 '나무'라고 해석할 때에만 나오고 다른 괘에서는 나오지 않습니다. 『주역』은 음양으로 세계를 해석하는 것이고 오행은 『주역』의 경문이 완성되고 난 이후에 본격적으로 발전한 후대의 이론이라고 할 수 있지요. 그러니까 지금은 '소성괘를 오행과 연결 짓는 게 있구나' 하는 정도로 넘어가시면 됩니다.

표 마지막 칸에 소성괘의 성정(性情)이 나오는데요. 여기 별표 하세요. 중요하니까요. 8괘를 보면 이걸 떠올려야 해요. 그런데 성정이 뭘까요? 소성괘의 속성, 어떤 에너지를 가지고 있는가를 '성정'이라고 합니다. 건은 천(天)이고 천은 하늘이잖아요. 이것은 천도(天道), 천리(天理)인 거예요. 천도나 천리는 우주의 법칙이잖아요. 우주의 법칙은 항상 일정해요. 일정하다는 건 변치 않는다는 거죠. 사실은 계속해서 변해 가지만 변화에 일정한 규칙성이 있다는 의미인 거예요. 봄·여름·가을·겨울이 계속 그 순서대로 이어지잖아요. 이게 꾸준히 계속될 수 있는 것을 항상성이라고 하죠. 이 항상성을 다른 말로 한 것이 '강건하다, 굳세다[健]'인 거예요. 강건하니까 우주가 만들어져서 지금까지 이 리듬을 지키며 계속 운동할 수 있는 거죠. 건괘가 가진 에너지는 굳세게 앞으로 나아가는 에너지예요. 뭘 꾸준히 해 나가는 에너지라고 생각하시면 됩니다.

태(兌)

☱는 두번째로 만들어지는 소성괘로 이름이 태(兌)고요. 숫자로는 2, 상징하는 것은 못[澤]입니다. 그래서 이태택(二兌澤)이라고 했어요. 두 양효 위에 음효가 있어 움푹 패인 곳에 고여 있는 물의 형상이라고 보아 못이라고 했고요. 그 구조가 맨 윗효 하나만 끊어져 있어서 태상절(兌上絶)이라고 합니다. '상절'이라고 하면 맨 위는 음효이고 아래 두 효는 양효로 이어져 있다는 거죠. 그래서 '이태택 태상절' 이렇게 외우면 되고요. 마찬가지로 외울 때 괘상의 모양(☱)을 떠올리는 연습을 하시면 됩니다. 양으로만 이뤄진 건괘와 음으로만 이뤄진 곤괘를 빼고 나머지 여섯 괘들은 모두 음과 양이 섞여 있는데요. 음효가

하나이면 그 위치에 따라서 손하절/리중절/태상절이 되고, 양
효가 하나이면 진하련/감중련/간상련의 구조가 되는 겁니다.

　　표를 보시면 태괘의 성정은 '기쁘다'[說, 열]라고 나와 있는
데요. '說' 자는 뜻과 음이 여러 가지여서 '말씀 설', '기뻐할 열',
'달랠 세', '벗을 탈'이 되는데요. 소성괘 태괘에서도 그렇고 『주
역』경문에서는 대부분 '기뻐할 열'로 쓰입니다. 물이 고여 있
는 못이 주변 땅을 적셔 주어서 비옥하게 만들고, 물산(物産)이
풍부하다는 것이 기쁨의 에너지가 됩니다. 또 8괘를 가족관계
로 보았을 때 태괘는 막내딸이자 어린 딸이 되는데요. 어린 딸
을 보면 저절로 기쁨이 샘솟는 건 예나 지금이나 마찬가지인
가 봅니다.

리(離)

☲는 세번째로 만들어지는 소성괘로 이름이 리(離)고요. 숫자
로는 3, 상징하는 것은 불[火]입니다. 그래서 삼리화(三離火)라
고 했어요. 위 아래 두 개의 양효가 불길을, 가운데 하나의 음
효가 불꽃의 심지(또는 연료)를 의미하죠. 이 구조는 가운데 효
하나만 끊어져 있어서 리중절(離中絶)이라고 합니다. '삼리화
리중절'이라고 외우면서 리괘의 모양 ☲을 떠올려 보세요.

　　리괘의 성정은 '걸려 있다'[麗, 리]인데요. 이때 '麗' 자는 화

려하다 할 때 '고울 려'가 아니라 '걸릴 리'로 쓰인 것입니다. 옛날 사람들은 해·달·별과 같은 천체가 하늘에 있는 보이지 않는 그물에 걸려 있고 그 그물이 돌아가고 있다고 생각했는데요. 그래서 불[火]의 에너지가 '걸려 있다', '붙어 있다'는 것으로 연결이 됩니다. 불에 속하는 하늘에 걸려 있는 천체들은 밝은 빛 에너지를 내뿜고 있으니 리괘의 성정은 밝음[明]이 되고 현명함이 되는 거랍니다.

진(震)

☳은 네번째로 만들어지는 소성괘로 이름이 진(震)이고요. 숫자로는 4, 상징하는 것은 우레[雷]입니다. 그래서 사진뢰(四震雷)라고 하죠. 땅을 의미하는 두 음효 아래에서 양의 기운 하나가 생겨난 것이 땅을 울리며 뚫고 나오는 우레의 형상이라 '우레 뢰'(雷)라고 했고요. 아래에 양효 하나만 이어져 있으니 구조는 진하련(震下連)이 됩니다. '사진뢰 진하련'이라고 외우면서 괘상의 모양(☳)을 떠올려 보세요.

　　진괘의 성정은 '움직인다'[動]예요. 땅을 뚫고 나온 우레가 바로 천둥이죠. 천둥이 울릴 때 지축을 울리는 진동이 진괘의 에너지가 됩니다. 번개·벼락하고는 다른 겁니다. 번개나 벼락은 빛이니까 삼리화에 해당하는 거죠.

손(巽)

☴은 다섯번째로 만들어지는 소성괘로 이름이 손(巽)이고, 숫자로는 5, 상징하는 것은 바람[風]입니다. 그래서 오손풍(五巽風)이라고 하죠. 음효 하나가 하늘의 아래에 들어가서 바람을 의미하는 손괘가 되니 그 구조가 아래가 끊어진 손하절(巽下絶)인 겁니다. ☴, 이 모양을 떠올리면서 '오손풍 손하절'이라고 외우세요.

손괘의 성정은 '들어간다'[入]입니다. 바람이 불 때 물체 사이사이로 들어가는 에너지를 말하는데요. 이것은 겸손하게 자신을 낮추는 것이라고 보기도 해요. 자신을 낮출 때 상대의 틈으로 들어갈 수 있으니까요.

감(坎)

☵은 여섯번째로 만들어지는 소성괘로 이름이 감(坎)이고, 숫자로는 6, 상징하는 것은 물[水]입니다. 그래서 육감수(六坎水)라고 해요. 택(澤)이 고여 있는 물이라면 수(水)는 흐르는 물이에요. 흐르는 물은 매우 부드럽지만 그 물을 흘러다닐 수 있게 하는 운동성은 가운데 있는 양효가 만들어 내지요. 그 구조를 보면 가운데만 이어져 있어서 감중련(坎中連)입니다. ☵, 이 모양을 떠올리면서 '육감수 감중련'이라고 외우세요.

감괘의 성정은 '빠지다'[陷], '험하다'[險]인데요. 양효가 두 음효 사이에 빠져 있는 상태인 데다가 흐르는 물이라 물구덩이가 만들어져 빠지고 위험에 처한 상태를 의미하게 된 거죠.

간(艮)

☶은 일곱번째로 만들어지는 소성괘로 이름이 간(艮)이고, 숫자로는 7, 상징하는 것은 산(山)입니다. 그래서 칠간산(七艮山)이라고 해요. 하나 있는 양효가 위에서 이어져 있어서 그 구조는 간상련(艮上連)입니다. ☶이 모양을 떠올리면서 '칠간산 간상련'이라고 외우세요.

간괘의 성정은 '그치다'[止]인데요. 멈춰서 정지하거나 유지하는 걸 의미합니다. 양효가 맨 윗자리에 있어서 더 이상 나아갈 수 없는 상태이기도 하고요. 옛날 사람들에게 높은 산은 더 이상 나아갈 수 없는 자연의 경계였다는 걸 생각하시면 됩니다. 지금처럼 높은 산 정상을 올라가려고 하지 않았죠.

곤(坤)

☷은 여덟번째로 만들어지는 소성괘로 이름이 곤(坤)이고, 숫자로는 8, 상징하는 것은 땅[地]입니다. 그래서 팔곤지(八坤地)라고 해요. 3효가 모두 음효로 끊어져 있어서 그 구조는 곤삼

절(坤三絶)입니다. ☷ 이 모양을 떠올리면서 '팔곤지 곤삼절'이라고 외우세요.

곤괘의 성정은 '순하다'[順]인데요. 순하다는 건 천도를 따르고 이치를 따른다는 의미예요. 하늘의 운행에 맞추어서 만물을 길러내는 자신의 일을 해 나간다는 거죠.

『주역』64괘는 소성괘(8괘)의 조합으로 이루어진 특정한 상황과 국면에 해당합니다. 그러니 소성괘가 가진 에너지 즉 성정이 어떤 것이냐에 따라 두 소성괘가 만났을 때의 결과가 달라질 수밖에 없겠지요. 오늘부터 '일건천 건삼련, 이태택 태상절, 삼리화 리중절, 사진뢰 진하련, 오손풍 손하절, 육감수 감중련, 칠간산 간상련, 팔곤지 곤삼절' 이걸 반복해서 말하며 외워야 하고요. 그러면서 괘상과 8괘의 성정을 떠올리는 연습을 꾸준히 하셔야 해요.

소성괘의 다양한 배속

소성괘(8괘)는 음양 3변에 의해 만들어진 이 세상의 다양한 에너지를 의미하는데요. 그래서 각 괘를 가지고 자연현상, 인간관계, 동물, 신체, 방위 등을 구분해 볼 수 있어요. 이걸 다음 쪽에 표로 만들어 놓았습니다.

	건(乾) ☰	태(兌) ☱	리(離) ☲	진(震) ☳	손(巽) ☴	감(坎) ☵	간(艮) ☶	곤(坤) ☷
자연	하늘 (天)	연못 (澤)	불 (火)	우레 (雷)	바람 (風)	물 (水)	산 (山)	땅 (地)
인간 관계	아버지 (父)	소녀 (少女)	중녀 (中女)	장남 (長男)	장녀 (長女)	중남 (中男)	소남 (少男)	어머니 (母)
동물	말 (馬)	양 (羊)	꿩 (雉)	용 (龍)	닭 (鷄)	돼지 (豕)	개 (狗)	소 (牛)
신체	머리 (首)	입 (口)	눈 (目)	발 (足)	넓적 다리 (股)	귀 (耳)	손 (手)	배 (腹)
방위	서북 (西北)	서 (西)	남 (南)	동 (東)	동남 (東南)	북 (北)	동북 (東北)	서남 (西南)
성정	건 (健)	열 (說)	리 (麗)	동 (動)	입 (入)	함 (陷)	지 (止)	순 (順)

이 표에서 자연과 성정은 앞에서 이미 설명한 거고요. 동물, 신체, 방위는 '이렇게 구분해 볼 수 있구나' 하고 넘어가시면 됩니다. 그럼 인간관계 하나가 남지요.

결론부터 말씀드리자면, 소성괘(8괘)를 인간관계에 대입해 보면 아버지, 어머니와 3남 3녀가 됩니다. 순양으로 이루어진 건(乾, ☰)괘는 옛날부터 지금까지 계속 양(陽)인 아버지, 순음으로 이루어진 곤(坤, ☷)괘는 옛날부터 지금까지 계속 음(陰)

인 어머니가 되지요. 그럼 여섯 괘가 남는데요. 음효와 양효가 섞여 있는 소성괘의 구조에서 양효가 하나 있는 경우는 진하련 / 감중련 / 간상련이고 음효가 하나 있는 경우는 손하절 / 리중절 / 태상절이라고 했던 걸 생각해 보세요. 이렇게 하나씩 있는 효가 각 소성괘의 구조에서만 중요한 것이 아니라 소성괘의 성정에 있어서도 결정적인 요소로 소성괘의 주인공이 됩니다. 그리고 이것으로 3남 3녀 중 어디에 해당하는지도 정해지고요.

양효가 하나인 경우부터 설명해 볼게요.

진괘(☳)의 '진동'을 만들어 내는 건 위에 있는 두 음효가 아니라 아래에 있는 하나의 양효입니다. 이 양효가 셋 중 가장 먼저 나와 아래에 있으니 가장 오래된 양이라 맏이로 장남(長男)이 됩니다.

감괘(☵)의 '빠짐, 위험함'을 만들어 내는 건 물을 흘러가게 만드는 가운데 하나의 양효고요. 이 양효가 두번째로 나온 것이니 둘째로 중남(中男)이 됩니다.

간괘(☶)의 '그침'과 '멈춤'을 만들어 내는 건 맨 위에 올라가서 더 이상 나아갈 곳이 없는 양효고요. 이 양효가 세번째로 나온 것이니 막내로 소남(少男)이 됩니다.

음효가 하나 있는 경우도 마찬가지예요.

손괘(☴)의 '들어감'을 만들어 내는 건 아래에 있는 음효고요. 이 음효가 가장 먼저 나와 있으니 오래된 음이라 맏이인 장녀(長女)가 됩니다.

리괘(☲)의 '불'을 만들어 내는 건 심지와 연료에 해당하는 가운데 음효고요. 이 음효가 둘째로 중녀(中女)가 됩니다.

태괘(☱)의 '기쁨'을 만들어 내는 건 고인 물에 해당하는 맨 윗자리 음효고요. 이 음효가 막내인 소녀(少女)가 되지요.

소성괘(8괘)는 64괘의 기본코드라고 할 수 있어요. 8괘의 상징과 속성을 숙지하고 있어야 64괘를 제대로 이해할 수 있습니다. 68쪽에 나온 소성괘 표를 소리내어 읽으면서 일단 외우세요. 매일 10분씩 반복한다면 누구든 1주일 안에 외울 수 있습니다. 그럼 다음 장에서는 『주역』을 해석하는 몇 가지 규칙들을 살펴보겠습니다.

3부

『주역』을
해석하는
규칙

6장 _ 효의 자리 : 정(正)과 중(中)

효의 자릿값

역은 64괘라는 상(象, 기호)에 괘사·효사라는 설명이 붙어 있는 거라고 설명을 드렸는데요. 괘를 구성하고 있는 여섯 개의 효는 자리에 따라 음과 양의 에너지를 갖고 있어요.

초, 3, 5효는 양의 자리, 2, 4, 상효는 음의 자리라고 하죠. 대성괘(64괘)에서 자리라는 것은 사회구조 안에서의 위치이고 어떤 역할이 주어지는 거죠. 자리에 따라 자신의 능력을 어떻게 써야 하는지가 정해집니다. 만일 내가 음적인 성향이라 일을 주도하는 편이 아니더라도 주도해야 할 자리에 가면 그 일을 하면서 양의 에너지를 써야 하는 거예요. 내가 막 나서고 일을 벌리는 타입이라도 숙여야 할 자리에 있다면 나서고 싶어도 나서지 못하지요. 그런 게 그 자리[位]라는 거예요.

초, 3, 5효는 홀수로 양의 자리니까 양적인 에너지를 쓰는 곳이고, 2, 4, 상효는 짝수로 음의 자리니까 음적인 에너지를 쓰는 곳이다. 이렇게 이해하시면 좋아요.

정(正)과 부정(不正)

그렇다면 여기에서 생각해 봐야 할 게 하나 더 있어요. 각 효가 가진 고유한 본성과 자질이죠. 그걸 재(才)라고 하는데요. 효가 가진 본래의 에너지, 본바탕이 양일 수도 있고 음일 수도 있다는 거예요. 양효는 양의 자질을, 음효는 음의 자질을 갖고 있는데요. 초효가 양의 자리라고 해서 거기 양효만 올 수 있는 게 아니거든요. 음이 와서 초육이 되기도 하니까요. 이걸 인간사에 대입해 보면 어떤 사람이 가진 본성과 자질은 양이나 음 둘 중 하나인데 처한 위치와 에너지를 써야 하는 방식이 양의 자리나 음의 자리일 수 있다는 거죠.

자리의 음양과 효의 음양이 일치할 때를 '정'(正)하다고 해요. 양적인 방식을 써야 하는 양의 자리에 양효가, 음적인 방식을 써야 하는 음의 자리에 음효가 온 거예요. 반면 음양이 일치하지 않아서 양의 자리에 음효가, 음의 자리에 양효가 오는 경우를 '부정'(不正)이라고 하죠.

정(正), 부정(不正)이라는 말만 듣고 보면 착각하기 쉬워요.

정은 바르니까 좋을 것이고 부정은 바르지 않아서 나쁠 거라고. 그런데 전혀 그렇지 않아요. 양효가 양의 자리에 있을 때 양적인 에너지를 써야 하는 곳에 양의 자질을 가진 사람이 있는 거니까 그 일을 잘 해낼 수도 있지만 양의 기운이 지나쳐서 문제가 생길 수도 있어요.

『주역』의 효사에서도 어떤 효에서는 양이 지나치다고 하고 다른 효에서는 양을 잘 써서 좋다고 해요. 어째서 그런 걸까요? 그것은 전체 괘가 무엇이냐 그리고 이 효가 다른 효들과 어떤 관계를 맺느냐에 따라서 '참 괜찮아'가 되기도 하고 '양이 너무 세서 문제야'가 되기도 하는 겁니다.

앞서 살펴보았던 지산 겸괘(䷭)의 구삼효는 양의 자리에 양효가 와서 좋은 경우에 해당합니다.

구삼효, 공로가 있으면서 겸손함이니, 군자는 끝마침이 있어 길하다.
「상전」에서 말했다. "공로가 있으면서 겸손한 군자"는 천하의 모든 백성이 존경하고 따른다.

九三, 勞謙, 君子有終, 吉.
구 삼 로겸 군 자 유 종 길
象曰, "勞謙, 君子", 萬民服也.
상 왈 로겸 군 자 만 민 복 야

양의 자리에 양효가 와서 천하를 위해 앞장서 일하고 공을 세우지만 정(正)해서 겸손하게 처신하고 양적인 에너지로 맡은 일을 끝까지 완수해 낼 수 있어서 길하다고 한 거죠.

똑같은 구삼효가 뇌천 대장(䷡)괘에도 있는데요.

구삼효, 소인이라면 강한 힘을 쓰고 군자라면 상대를 무시한다. 그 상태를 고수하면 위태로우니 숫양이 울타리를 치받아서 그 뿔이 다치는 것이다.

「상전」에서 말했다. 소인은 강한 힘을 쓰고 군자는 상대를 무시한다.

九三, 小人用壯, 君子用罔. 貞厲, 羝羊觸藩, 羸其角.
구 삼 소 인 용 장 군 자 용 망 정 려 저 양 촉 번 리 기 각

象曰, 小人用壯, 君子罔也.
상 왈 소 인 용 장 군 자 망 야

양의 자리에 양이 와서 정(正)한 것이기는 한데, 하늘을 상징하는 순양의 소성괘(☰)에 속하고, 전체 상황이 '크게 굳세고 왕성하다'는 대장(大壯)괘라는 거죠. 양효가 양의 자리에 바르게 왔지만 전체 상황에서 보거나 소성괘의 기운을 볼 때 이건 양 기운이 너무 강한 거예요. 굳세고(양효) 굳세고(양의 자리) 굳센 기운(소성괘 乾)을 왕성하게 쓰는(대성괘 大壯) 거니까 '좋지 않다, 흉하다'라고 하는 겁니다.

효의 음양과 자리의 음양이 맞지 않아 부정인데도 좋게 해석되는 경우는 앞에서 보았던 지산 겸괘의 초육효가 대표적

인 예입니다. 초효라 양의 자리지만 음효가 와서 초육이 되었는데요. 전체 상황이 겸손함의 때인데 음효가 가장 아랫자리에 있으면서 자신을 낮추고 있어서 본래 음이 있어야 할 자리를 잘 찾은 것으로 본다고 했지요. 그래서 초효가 '겸손하고 겸손한 군자'가 되고 그를 등용해서 큰일을 할 수 있고 길하다고 한 거고요.

반면 뇌지 예괘의 초육은 완전히 다르게 해석된다고 말씀드렸죠. 양의 자리에 음이 와서 자기가 에너지를 써야 하는 방식과 본성이 맞지 않아요. 게다가 음효라 능력이 부족한 사람이에요. 일반적으로 양효가 힘을 사용하는 것이고 능력이 있는 것이라면 음효는 힘을 안 쓰는 것이고 능력이 없는 것이기 때문이지요. 나이도 어리고 지위도 낮고 자기 본성과 써야 할 기운이 맞지도 않은 것이 뇌지 예괘의 초육입니다. 그런데 능력 있는 짝꿍 구사가 위에서 천하를 기쁘게 하는 시대의 소임을 맡아서 잘 해내고 있는 거죠. 이 상황에서 초육이 기쁘다고 떠벌리고 다녀서 흉하다는 겁니다.

이처럼 정과 부정이 좋은 것이 되는지 나쁜 것이 되는지는 어느 괘에 소속되었는지에 따라서 달라지고 다른 효와의 관계에 따라서 달라집니다.

중(中)과 부중(不中)

여섯 개의 효 중에서 2효와 5효를 중(中)이라고 하고, 나머지 초, 3, 4, 상효는 부중(不中)이라고 합니다. 64괘는 소성괘의 조합인데 2효와 5효가 각 소성괘의 가운데에 해당하기 때문이지요.

앞에서 정(正)은 좋은 경우도 있지만 나쁠 수도 있다고 했어요. 하지만 중(中)은 거의 대부분 좋다고 봐요. 중(中)을 좋게 보는 이유는 중(中)이 중도(中道)를 지키는 것이고, 균형감각이기 때문이에요.

중의 균형감각은 판단력을 의미해요. 상황을 파악하지 못하면 엉뚱한 짓을 할 수 있잖아요. 아주 열심히 했는데 전혀 맞지 않는 일을 하게 되는 거. 이런 건 판단을 제대로 하지 못했기 때문이고 이러면 중도를 지킬 수 없게 됩니다. 그래서 중은 균형감각을 의미하고 판단력을 의미하죠. 현명하게 판단할 수 있으니까 더하지도 않고 덜하지도 않아서 적중할 수 있다. 이게 시중(時中)이고 중용(中庸)이죠.

중(中)이라는 것에는 또 내면이라는 뜻도 있어요. '속'이고 '중심'이지요. 인간의 내면에는 뭐가 들어 있어야 할까요? 인간의 내면에는 똥이 아니라 덕이 가득 차 있어야 한다는 게 주역적인 관점이에요. 『주역』은 유가의 세계관이면서 동양의 세계관입니다. 동양의 사유에서 인간은 덕성으로 내면을 가득 채우고 그게 겉으로 발현되는 상태가 되기 위해 끊임없이 노력하는 존재예요. 이것이 중도를 지킨다는 말의 의미인 거죠. 내면에 진실한 믿음, 충실성, 성실성 이런 게 꽉 차 있는 상태를 유부(有孚)라고 했어요. 이런 상태라면 웬만하면 괜찮을 수 있겠지요. 그래서 2와 5의 자리는 자리의 음양과 효의 자질이 맞지 않는 경우 그러니까 구이효나 육오효가 오더라도 굉장히 긍정적으로 해석되는 편이에요.

그렇다면 이효와 오효가 아닌 나머지 효들은 어떨까요? 자리 자체가 중이 아니죠. 뭘 하더라도 중이 될 수는 없어요. 중심 잡기가 어려우니까 힘들고 위험하다는 거예요. 그 중 초효하고 상효는 자리가 특별하다고 했어요. 사회적 역할이 있어요, 없어요? 없다고 했지요. 일반적으로 애들한테는 기대를 안 해요. 나이 많이 드신 노인한테도 마찬가지죠. 그러니까 사실 여기는 중심을 못 잡고 있어도 그런가 보다 해요. 그런데 3효와 4효는 어떨까요? 목민관과 대신이잖아요. 사회적으로 해야 될 역할과 책임이 있죠. 그런데 중은 절대 될 수가 없죠. 중심 잡기가 너무 힘든 거예요. 그러니까 3효와 4효 효사에 '힘들다, 위험하다' 하는 안 좋은 이야기가 많이 나와요. 경계하는 말이 대부분이죠. 게다가 여기는 천·지·인 3재(才)에서 인간의 자리잖아요. 하늘과 땅 사이에서 인간은 항상 많은 흔들림과 위험, 어려움을 겪으며 살아가는 존재예요. 그래서 조심하라고 경계하는 말이 3효와 4효 효사에 많이 나온다는 거죠. 그래서 뭘 하라고 하는 걸까요? 중심 잡으라고, 네가 어떤 상황에 처한 것인지 제대로 파악해서 똑바로 처신하라고 하는 거죠.

정(正)과 중(中)의 해석

정(正)과 중(中)에서 『주역』은 정(正)보다 중(中)을 더 중시하는 텍스트라고 했어요. 아래 인용한 지산 겸괘(䷠) 육오효를 볼까요. 5효의 자리는 원래 양의 자리인데 육오라는 것은 음효가 왔다는 거예요. 그럼 부정(不正)이잖아요. 5효는 군주의 자리이고 전체 상황을 주도해야 하는 자리여서 양적인 에너지를 써야 하는 자리예요. 그런데 음효가 와서 본래 자질[才]이 음인 거예요. 그럼 '군주가 해야 할 일을 잘 못하겠네'라고 풀 수도 있겠지만 여기서는 그렇지 않아요.

> 육오효, 부유하지 않아도 이웃을 얻으니 무력으로 치는 것이 이로우며 이롭지 않음이 없다.
>
> 「상전」에서 말했다. "무력으로 치는 것이 이로움"은 복종하지 않

는 자를 정벌하는 것이다.

六五, 不富以其鄰, 利用侵伐, 无不利.
육 오   불 부 이 기 린   리 용 침 벌   무 불 리

象曰, "利用侵伐", 征不服也.
상 왈   리 용 침 벌   정 불 복 야

육오가 부유하지 않아도 이웃을 얻는다고 해요. 부유하지
않다는 게 뭐냐. '음이라도'라는 뜻이에요. 본래 자질이 음이라
서 능력이 좀 부족하고 가진 게 없어서 부유하지 않다고 한 거
죠. 그런데 이웃을 얻는대요. 함께할 사람들이 있다는 거예요.
왜 그런 걸까요? 바로 5의 자리를 차지하고 있기 때문이에요.
왕이기 때문에. 왕이 자질이 부족하다고 해서 사람들이 다 그
를 버리고 갈까요? 그럴 수도 있지만 옆에서 도와주는 사람들
이 있는 법이잖아요. 그런 상황이니까 '부유하지 않아도 이웃
을 얻으니'라고 한 거예요. 보통, 일반적인 경우에는 뭔가 나누
어 줄 거 있는 사람 옆으로 사람들이 갑니다. 그러니까 '부유
함으로써 이웃을 얻는다'(富以其鄰)라고 해요. 하지만 여기서는
'불부이기린'(不富以其鄰)이에요. 그러니까 왕의 능력이 좀 부족
하지만 그래도 도와줄 사람이 있다는 거죠.

그런데 여기서 그치지 않고 어떻게 하라고 나와 있나요?
심지어 무력으로 치래요. 자신을 반대하는 자들에게 무력행사
해도 좋다. 이롭지 않음이 없다고 해요. 왕이 되었다고 해서 언

제든지 반대세력을 무력으로 제압할 수 있는 게 아닙니다. 반대세력을 정벌하는 데 무력을 동원할 수 있다는 건 그만큼 통치하기에 좋은 상황인 거예요. 어째서 이렇게 말하고 있을까요? 우선 전체적인 상황이 지산 겸괘예요. 그러니까 만백성과 왕을 비롯한 모든 사람들이 겸손하게 자신을 낮추고 이치를 따르려고 하는 때라는 거죠. 겸(謙)의 시대이기 때문에 대부분의 사람들이 왕을 따르고 복종해요. 근데 한 줌의 무리가 말을 안 듣고 골치 아프게 한다면 정벌하라는 게 바로 육오효의 효사예요. 그러니까 이때 반대하는 일부 세력에게는 무력을 써도 괜찮다는 거죠. 그래서 정(正)이 아닌데도 중(中)이기 때문에 좋게 풀리는 아주 많은 사례 중 한 가지가 된 겁니다.

또, 『주역』에서는 2효와 5효의 관계를 중요하게 봅니다. 중(中)의 자리를 차지하고 있는 2효는 평민 인재라고 했지요. 그리고 5효는 군주의 자리고요. 그러니까 인재와 군주의 관계를 굉장히 중요하게 생각한다는 겁니다. 『주역』 64괘를 '64가지 군주의 생존법'이라고 이야기하는 사람도 있고, '64가지 인재 등용법'이라고 말하는 사람도 있습니다. 인재와 군주의 콜라보가 어떻게 되느냐에 따라서 그 국면을 어떻게 풀어 나갈 수 있는가가 달려 있다는 겁니다.

살아가다 보면 어떤 위기가 닥칠 수도 있고 어떤 게 안 풀릴 수도 있고 잘 풀릴 때도 있잖아요. 그래서 뒤에도 나오지만 좋은 상황을 의미하는 괘들이 있어요. 상황이 잘 풀려 나가겠지요. 그러면 효사에는 경고가 가득해요. 잘 풀릴 때 방심하면 나라가 넘어가잖아요. 그러니까 오히려 경계하라는 말이 가득한 거예요. 반면에 어려운 상황에 해당하는 괘들도 있어요. 택수 곤(澤水 困)괘처럼 사방이 막혔다든가 수산 건(水山 蹇)괘처럼 나아가려는데 못 나가는 상황인 거죠. 이런 게 어렵고 힘든 상황인데요. 그럴 때는 형통하다[亨]라는 말이 꼭 나와요. '이렇게 하면 괜찮아진다', '이 또한 지나가리라'라는 이야기죠. 이게 『주역』이 전하는 삶의 지혜입니다.

64가지로 나타나는 5효와 2효의 관계에 주목하면서 『주역』은 상황을 풀어 나갈 수 있는 방법을 말해 주고 있어요. 공자 시대 때부터 그랬던 거예요. 공자 자신이 귀족이 아니라 농민과 다름없던 사(士) 계층이었고요. 사(士)들이 추구해야 할 인간의 모습을 '덕을 이룬 자, 군자(君子)'라고 재정의했지요. 군자가 어떤 사람들이고 이들이 사회적으로 어떤 의미가 있는 존재인가를 역설하면서 존현(尊賢, 현능한 인재를 존중한다)해야 한다고 주장한 사람이 공자예요. 공자가 지금까지도 태산과 같은 스승으로 받들어지고 있는 것은 인간의 사회에서 지식인들이 어떻게 살아갈 수 있는가, 사회에 어떤 공헌을 해야 하는

가, 어떤 기여를 할 수 있는 존재인가를 밝혔기 때문입니다. 공자 시대 때부터 중의 자리에 있는 2효와 5효의 관계에 주목하면서『주역』을 풀어 나가기 시작한 거지요.

7장 _ 효와 효의 관계 : 응(應), 비(比), 승(承), 승(乘)

『주역』에서는 괘가 전체적으로 어떤 상황인가가 굉장히 중요합니다. 그걸 파악한 상태에서 각 효가 정(正)인지 부정(不正)인지, 중(中)인지 아닌지를 살펴봐야 해요. 그리고 또 한 가지, 위아래 효들과의 관계도 중요하지요. 효를 가지고 각각 다른 처지와 입장의 사람들을 살펴볼 수 있다고 했습니다. 어떤 사회, 어떤 현상, 어떤 국면 안에서 살아가든지 주변에 나와 다른 입장을 가진 사람들하고 관계를 맺을 수밖에 없잖아요. 효가 달라져서 나와 다른 자리에 있다면 나랑 다른 입장을 가진 사람들이라고 보시면 됩니다. 효사들을 읽으면서 내가 다른 사람들과 어떤 관계를 맺게 되는지를 알아차릴 수 있어요. 어떤 관계는 걸림돌이 되고 어떤 관계는 도움이 되겠지요. 내 주변에 있는 사람들이 각자 어떤 생각을 하고 어떤 식으로 움직일지를 알아야 자기의 위치를 정확히 파악할 수 있고, 어떻게 대처해야 할지도 정할 수 있습니다. 그래서 효와 효의 관계를 살펴보는 게 중요하다는 거죠.

『주역』은 위 아래 효의 배치와 그 관계에 따라 해석이 달라집니다. 그걸 응(應), 비(比), 승(承), 승(乘) 이 네 가지로 볼 수 있어요. 하나씩 살펴봅시다.

응(應)

먼저 응(應), 호응한다는 거예요. 초효와 4효, 2효와 5효, 3효와 상효 이들의 관계가 서로 호응하는 짝꿍이라는 겁니다. 초효와 4효, 이 둘은 하체의 소성괘 아랫자리와 상체의 소성괘 아랫자리로 같은 위치예요. 그러니까 초효는 민간에서 가장 아랫자리이고, 4효는 사회 지도층의 가장 아랫자리인 거죠. 상체·하체라고 불리기도 하는 소성괘는 자기가 속한 조직인데요. 각 체의 아랫자리는 이 조직에 진입한 지 얼마 안 된 신입이라는 점에서 비슷한 점이 있는 거죠. 그러니까 2효와 5효는 자기가 속한 조직의 중심이라서 서로 통하고요. 3효와 상효는 조직의 끝자리에서 와 있으니 여기를 마무리하고 다른 곳으로 넘어가려고 합니다. 3효는 상체로 가고 싶어 하고, 상효는 이 상황을 마무리하고 완전히 다른 국면으로 넘어가려는 위치예요. 초효와 4효, 2효와 5효, 3효와 상효가 응한다는 건 그 자리가 가진 비슷한 속성이 있고, 기운으로 이어져 있다는 겁니다. 서로 상대가 어떤 마음인지를 안다는 거예요.

지산 겸괘(䷎)를 보면 초효가 음인데 위에 4효도 음이잖아요. 그럼 서로 기운이 이어져 있지만 영혼의 단짝처럼 죽이 척척 맞지는 않아요. 같은 음끼리, 같은 양끼리는 당기는 힘보다 서로 미는 힘이 작동하거든요. 이런 경우를 부정응(不正應)이라고 해요.

그런데 뇌지 예괘(䷏)는 초효가 음인데 4효가 양이에요. 화락함과 기쁨을 의미하는 뇌지 예괘에서 구사가 유일한 양인데, 초효와 음양이 딱 맞는 단짝이네요. 이런 경우를 정응(正應)이라고 해요. 세상이 화락하고 기쁜데, 구사의 대신이 열심히 일해서 온 천하를 화락하고 기쁘게 만들고 있어요. 이때 초효는 이렇게 생각하게 되죠. '구사는 내 짝꿍이라 나랑 마음이 통하는데 심지어 정응이야. 나는 음이고 구사는 양이니까 영혼의 단짝 소울메이트잖아.' 그러니까 초육이 막 날뛰다가 흉해졌다고 한 거예요. 실상 구사는 이 상황 전체를 기쁘게 만들어야 해서 개인적인 호응에 관심을 둘 상태가 아니에요. 하지만 초육은 그걸 파악하지 못해요. 상대가 어떤 상태인지 판단이 안 돼. 다만 구사가 양이고 자신이 음이라는 것만 보는 거예요.

음양이 다른 짝꿍을 정응이라고 한다고 했는데, 이 경우는 정응이라서 초육한테는 더 흉해졌어요. 다른 괘에서는 정응이라서 좋은 경우도 있거든요.

정응이라 긍정적인 경우는 뇌수 해괘(䷧)의 초육효를 보면 됩니다.

초육효, 허물이 없다.

「상전」에서 말했다. 굳센 양(구사)과 부드러운 음(초육)이 교제하는 것이니 의리상 허물이 없다.

初六, 无咎.
초육 무구

象曰, 剛柔之際, 義无咎也.
상왈 강유지제 의무구야

초육은 음효가 양의 자리에 와서 부정(不正)이고, 음이라서 유약하지만 어려움이 풀려가는 시기에 정응인 구사의 도움을 받을 수 있어서 허물이 없는 것이 되었어요. 이렇게 정응 덕분에 좋아지는 경우도 있는 겁니다.

정응이 항상 좋은 게 아닌 것처럼 부정응이 항상 나쁜 게 아닙니다. 부정응(不正應)인 경우, 짝꿍이 되는 두 효의 음양이 일치하기 때문에 서로 끌리는 단짝은 아닙니다. 그럼에도 불구하고 같은 자질을 가졌잖아요. 내가 양인데 상대방도 양인 거예요. 그러니까 네가 어떤 생각을 하고 움직이려는지 알겠다는 거죠. '뜻을 모아서 같이 일해 보자'라고 할 때가 있다는 거예요. 그런 예를 천화 동인괘(䷌) 초구효에서 볼 수 있어요.

초구효, 문을 나가서 사람들과 함께하니, 허물이 없다.

「상전」에서 말했다. 문 밖으로 나가서 사람들과 함께하니, 또 누가 문제 삼겠는가!

初九, 同人于門, 无咎.
초 구   동 인 우 문   무 구

象曰, 出門同人, 又誰咎也!
상 왈   출 문 동 인   우 수 구 야

천화 동인괘는 하늘 아래에 불이 있어 함께 위로 올라가는 상태로 '다른 사람과 함께한다'는 때예요. 초구효와 구사효는 둘 다 양이라서 정응이 아니지요. 하지만 동인의 시대니까 정응이 아닌 상대와도 함께할 수 있죠. 오히려 서로 이끌리는 사이가 아니라서 사사로운 마음 없이 같이할 수 있어서 더 좋은 경우죠. 동인괘에서는 정응이 있는 육이효 효사에 "자기 집안에서만 사람들과 함께하니 부끄럽다"고 나와요.

육이효, 자기 집안에서만 사람들과 함께하니, 부끄럽다.

「상전」에서 말했다. "자기 집안에서만 사람들과 함께함"은 도리에 부끄러운 것이다.

六二, 同人于宗, 吝.
육이 동인우종 린

象曰, "同人于宗", 吝道也.
상왈 동인우종 린도야

육이는 중(中)하고 정(正)하고 위로 중정한 구오의 군주와 정응이에요. 다른 상황이었다면 최상의 조합이었겠지만 여러 사람과 함께해야 하는 동인의 시대에는 정응이 있는 게 오히려 문제가 되는 거예요. 자기 집안 사람들에게 얽매이는 것처럼 사사로이 군주와 소통하면서 끼리끼리 꿍짝이 맞는 상태라서 부끄러운 거지요.

이렇게 『주역』은 그때그때 달라요. 어떤 상황에서는 정응이 도움이 되고, 어떨 때는 부정응이 긍정적인 작용을 하는 겁니다.

비(比)

비(比)는 '나란할 비'예요. 나란하다는 건 '가까이 바로 붙어 있다', '옆에 있다'는 겁니다. 가까이 있는 효가 음양이 다르다면 서로 이끌리겠죠. 그래서 그게 좋기도 하고 나쁘기도 한 거예요. 음효는 가까이 있는 양효에게 이끌리고, 양효 역시 가까이 있는 음효에게 이끌립니다. 그걸 비(比)라고 해요. 소성괘의 위치가 같은 효끼리 서로 통하는 게 응이었지요. 비는 가까이 있는 효에 의해 영향을 받는 상황이에요.

산수 몽괘(䷃) 육삼효를 볼까요.

육삼효, 이런 여자에게 장가들지 말아야 한다. 돈 많은 남자(구이)를 보고 자기 몸을 지키지 못하니, 이로울 바가 없다.

「상전」에서 말했다. "이런 여자에게 장가들지 말아야 한다"고 한 것은 육삼의 행실이 이치를 따르지 않기 때문이다.

六三, 勿用取女. 見金夫, 不有躬, 无攸利.
육삼 물용취녀 견금부 불유궁 무유리

象曰, "勿用取女", 行不順也.
상왈 물용취녀 행불순야

육삼효 효사에 '이런 여자에게 장가들지 말아라, 돈 많은 남자(구이)를 보고 자기 몸을 지키지 못하니 이로울 바가 없다', 이렇게 되어 있잖아요. 이 육삼에게는 원래 짝꿍이자 정응인 상구가 있어요. 그러니까 몽의 시대에 상구에게 가서 배움을 청해야 하는 입장인데 가까이에 너무 멋진 남자 구이가 있는 거예요. 산수 몽괘(䷃)에는 양효가 두 개밖에 없어요. 구이와 상구지요. 그 중에서 구이는 육삼 가까이 있는 인재잖아요. 상구를 찾아서 올라가 봤자 이미 은퇴하신 분이에요. 정응인 건 맞는데 가까이 있는 구이가 더 좋아 보이는 거야. 그래서 멀리 있는 정응을 찾아가서 배워야 되는데 그렇게 하지 않아요. 자기 바로 밑에 있는 구이에게 돌진하는데 이 여자한테는 구이가 능력 있는 남자, 돈 많은 남자[金夫]로 보이는 거예요. 예나 지금이나 돈 많은 남자는 능력 있는 남자예요. 이게 몇천 년 동안 변하지 않는 거죠. 육삼이 구이에게 혹한 나머지 몸을 지키지 못한다고 했으니 아주 대놓고 그 남자한테 들이댄다는 거예요. 지금 자기가 그렇게 처신해야 할 상황이 아닌데, 육삼은 정(正)도 아니고 중(中)도 아니고 음효라 멀리 있는 정응을 찾아갈 에너지도 없는 여자라 가까이 있는 구이를 보고 넋이 나간 상태예요. 그래서 '이런 여자를 가까이하면 안 돼'라는 경고가 붙은 거예요. 가까이 있어서 영향을 받은 것이라서 비(比)의 관계인데 이 경우는 굉장히 나쁘게 된 거죠.

비(比)의 관계에서 나빠지는 경우가 있다면 반대로 좋아지는 경우도 있겠지요? 택뢰 수괘(䷐) 육삼효를 볼까요.

육삼효, 장부(구사)를 따르고 소인배(초구)를 버리므로 민심이 따르고 구하는 것이 있어 얻으니 바르게 자신을 지키는 것이 이롭다.

「상전」에서 말했다. "장부를 따르는 것"은 뜻이 아래에 있는 초구를 버리는 것이다.

六三, 係丈夫, 失小子, 隨, 有求, 得, 利居貞.
육삼 계장부 실소자 수 유구 득 리거정

象曰, "係丈夫", 志舍下也.
상왈 계장부 지사하야

육삼효가 위에 있는 구사효를 따르고 같은 소성괘에 있는 초구를 버릴 수 있는 것은 육삼효와 구사효가 소속은 다르지만 가까이 있기 때문입니다. '기꺼이 윗사람을 뒤따르는 것'이 택뢰 수(隨)괘인데요. 구사효에게는 정응이 없는 상황이라 믿고 따르는 아랫사람이 없었는데 가까이 있는 육삼이 따라 주니 함께 좋은 일을 할 수 있어 민심이 따르고 구하는 것을 얻게 됩니다. 서로 가까이에서 도움을 주고 받는 관계가 된 거죠.

이렇게 양효가 위에 있고 음효가 바로 아래 있을 때 가까이에서 서로 도움을 주고 받기도 하지만 밑에 있는 음이 위에 있는 양을 받든다고 보기도 합니다. 그게 비(比)이면서 승(承)이 되는 관계이지요.

승(承)

승(承)은 아래에 음효가 있고 바로 위에 양효가 올 때에 해당합니다. 양은 원래 '움직임'이고 음은 '고요함'이잖아요. 위에 있는 양의 움직임을 아래 있는 음이 따라갈 때, 그걸 '받든다, 따른다'라고 보는 거예요.

이런 관계를 보여 주는 가장 극적인 예를 지풍 승괘(䷭)

초육효에서 찾아볼 수 있어요.

초육효, 구이를 믿고 따라 올라가는 것이니, 크게 길하다.

「상전」에서 말했다. "믿고 따라 올라가는 것이니, 크게 길함"은 위

에 있는 구이와 뜻이 통한 것이다.

初六, 允升, 大吉.
초육 윤승 대길

象曰, "允升, 大吉", 上合志也.
상왈 윤승 대길 상합지야

초육효 효사를 보면 '대길'이 눈에 확 띄죠? 사극에서 봤
던 '대길'이라는 이름, 이게 『주역』 지풍 승괘에서 나온 거예요.
'크게 길하다'는 거죠. 초육효가 대길하다는 건데요. 의문이 드
실 거예요. 양의 자리에 음이 왔고 초효라서 아직 어리고 미천
한데 어째서 이게 그냥 길도 아니고 대길이냐? 지금 괘가 승
(升)괘잖아요. '올라가야 하는 때'예요. 그런데 양은 잘 올라가
지만 음은 자기 힘으로는 못 올라가요. 그렇다면 초육은 구이
랑 구삼이 올라갈 때 못 올라가서 남아 있기 십상이잖아요. 그
런데 이 녀석이 가까이 있고 자기 바로 위에 있는 구이를 믿고
따르면서 함께 올라가는 거예요. '대길'이라고 크게 길하다는
말이 붙은 건 초육이 평소라면 결코 해낼 수 없는 일을 했다는

걸 엄청 칭찬하는 거예요. 다른 괘에 있는 초육이면 절대 못 올라가요. 근데 지금 상황이 지풍 승괘인 거야. 그래서 구이를 따라서 올라가게 된 거예요. 정말 기특한 일이죠. 자질이 부족한 어린애가 절대 할 수 없는 일을 해냈어. 그럼 어떤 반응이 나올까요? 다들 박수 치잖아요. '어이쿠 대견하다'고 격려하겠죠. 그게 대길이라고 보시면 돼요.

지풍 승괘에서는 초육이 구이와의 관계가 승(承)이라서 위에 있는 구이의 뜻을 잘 따라가서 대길까지 간 거니까 굉장히 좋은 예라고 할 수 있어요. 그런데 세상사 다 그렇듯이 좋은 일만 있는 게 아니겠죠. 나쁜 경우도 있어요. 위에 양이 있고 아래에 음이 있어서 이 음이 양을 받들고 따랐는데 잘못 따른 경우가 있는 거예요.

뇌지 예괘 육삼효가 부정적인 승(承)에 해당됩니다.

육삼효, 위에 있는 구사효를 올려다보며 기뻐하니 후회가 있고, 머뭇거리며 지체하여도 후회하리라.

「상전」에서 말했다. "위에 있는 구사효를 올려다보며 기뻐하니 후회가 있음"은 자리가 합당치 않기 때문이다.

六三, 盱豫, 悔, 遲, 有悔.
육 삼 우 예 회 지 유 회

象曰, "盱豫, 有悔", 位不當也.
상 왈 우 예 유 회 위 부 당 야

뇌지 예괘에서는 초육이 정응인 구사로 인해 너무 날뛰다가 흉하게 된다고 했어요. 그런데 육삼효가 바로 위에 있는 구사를 쳐다보느라 자기 할 일을 안 하게 되는 거예요. 육삼은 음효라서 자질이 부족하고 능력도 없는데 양의 자리라서 양의 역할을 해야 하는 상황인 거예요. 가까이 있는 양효인 구사를 받들긴 받들었는데 육삼 자신이 부실해서 문제가 되는 거죠. 뇌지 예괘니까 화락하고 기쁠 때잖아요. 기뻐서 어쩔 줄 몰라 하다가 자기 할 일을 놓치는 거예요. 그래서 후회하게 되죠. 구사효를 쳐다보다가 이러지도 못하고 저러지도 못하고 있으니 남는 건 후회뿐이에요. 이렇게 승(承)도 어떤 상황에서 어떻게 관계를 맺느냐에 따라서 다르게 풀립니다.

승(乘)

효들의 관계에서 마지막은 올라탈 승(乘)이에요. 이건 음효가 양효 위에 올라가 있는 상황입니다. 이렇게 되면 두 가지 결과가 발생해요. 첫번째는 위의 음효가 '네가 아무리 양이라도 내가 윗자리에 있잖아'라면서 아랫자리에 있는 양효를 무시하는 거예요. 그래서 능력 없는 윗사람이 능력 있는 아랫사람을 무시하고 깔보는 상황이 되죠. 음이 양을 올라타고서 능멸하는 거죠. 두번째는 윗자리에 있는 사람이 무능하고 아래 있는 사람이 실력이 있을 때 아랫사람이 자꾸 윗사람을 치받아서 윗사람이 너무 불편하고 힘들어하는 거예요. 그런데 이 두 가지 현상이 동시에 벌어질 수도 있는 거예요. 윗사람은 자기가 윗사람이라고 무시하려고 하고, 아랫사람은 계속 능력을 발휘하는데 그게 윗사람을 핍박해서 힘들게 하는 거죠.

올라탈 승(乘)의 대표적인 예는 뇌지 예괘 육오효에서 볼 수 있어요.

> 육오효, 바른 자리에 있으나 질병이 있어서 항상 앓고 있으면서도 죽지 않는다.
>
> 「상전」에서 말했다. 육오효가 "바른 자리에 있으나 질병이 있는 것"은 굳센 양(구사)을 올라탔기 때문이고, "항상 앓고 있으면서도 죽지 않는다"는 것은 중(中)의 자리를 잃지 않았기 때문이다.
>
> 六五, 貞, 疾, 恒不死.
> 육 오 정 질 항 불 사
> 象曰, 六五 "貞, 疾", 乘剛也, "恒不死", 中未亡也.
> 상 왈 육 오 정 질 승 강 야 항 불 사 중 미 망 야

화락함과 기쁨의 때인 뇌지 예괘에서 온 세상에 기쁨을 가져다주는 존재가 구사라고 했어요. 이럴 때 육오가 음효이면서 구사 위에 있어요. 사실 5효가 군주의 자리니까 전체를 화락하고 기쁘게 하는 걸 육오가 해야 하는 거예요. 그런데 음

이라서 능력이 없죠. 양이라서 능력을 갖춘 구사가 대신의 자리에서 천하를 화락하게 만들기 위해 열심히 일하고 사적으로 자기 사람을 챙기지도 않는 거예요. 그러니까 모든 사람들이 다 구사를 쳐다보며 기뻐해요. 이런 일이 벌어질 때 군주 입장에서는 어떨까요? 매우 불편해요. 근데 구사가 일을 다 하고 있어서 함부로 없앨 수도 없고 내칠 수도 없어요. 그렇지만 몹시 불편한 거예요. 이런 느낌이 뭔지 아시겠죠?

육오효가 바른 자리에 있다는 건 군주의 자리를 차지하고 있다는 거예요. 양이었다면 더 좋았겠지만 음일지라도 지위를 맡았어요. 그걸 바른 자리에 있다고 한 거죠. 근데 병이 있어서 항상 앓고 있어. 이 병이 뭘까요? 대놓고 남에게 말할 수 없는 고민과 고통이 있다는 거예요. 구사가 너무 자기 역할을 잘해. 그게 육오한테는 병인 거예요. 병을 앓고는 있지만 죽지 않아요. 항상 괴로운 상태로 군주의 자리를 지키고 있는 상태예요. 음이라 자질이 부족한 육오가 양효인 구사를 올라타고 있으니까 내 밑에 대신이 너무 잘해서 문제인 거예요. 이때 군주는 괴롭지만 나라는 평안하고 정치는 잘 굴러갑니다.

8장 _ 길흉의 단계 변화

이제 마지막으로 길흉의 단계 변화를 살펴볼게요.

방금 지풍 승괘 초육효 효사에서 '대길'이 나왔잖아요. '대길'보다 더 높은 단계가 '원길'(元吉)이에요. 이 '으뜸 원'(元) 자를 '대(大)·선(善)'으로 풀이해요. 대는 '크다', 선은 '좋다'니까 원길은 '크게 좋고 길하다'가 되지요. 가장 좋은 최상의 상태가 원길이에요. 그보다 살짝 뒤처진 '대길'도 크게 좋은 상태이고, 원길이나 대길은 드물게 나와요. 생각지도 못한 경사가 있을 수도 있지만 지풍 승괘의 초육효처럼 절대 그렇게 할 수 없는 부족한 사람이 어떤 일을 해냈을 때 나오기도 합니다. 그래서 '대길', '원길', '길'까지도 '격려'라고 할 수 있어요. '참 잘했어요', '아휴~ 이런 일을 하시다니 훌륭하십니다' 이렇게요.

'길'(吉) 아래 단계로 '형통하다'는 '형'(亨)과 '이롭다'는

'리'(利)가 비슷한 수준이라고 볼 수 있는데요. 예상외로 형(亨)하고 리(利)는 어려운 상황에 해당하는 괘에도 많이 들어 있어요. 괘사에 어렵다고 분명히 얘기해 놓고 '그래도 형통할 수 있어, 그래도 이로울 수 있어', 이렇게 말해 주는 게 『주역』인 거예요. 무한긍정의 텍스트죠. 하늘이 무너져도 솟아날 구멍이 있다고 말해 주거든요.

'형'(亨)과 '리'(利) 다음 단계가 '무구'(无咎)인데 여기에 별표하세요. '무구'는 '허물이 없다'는 말인데 주로 효사에서 많이 보여요. 효사가 뭐라고 했나요. 각자의 처지와 입장이라고 했잖아요. 개인이 어떤 상황에 처했을 때 이렇게 하면 무구(无咎)할 수 있다고 알려 주는 거예요. 구(咎)라는 게 "때가 묻다" 할 때의 '때 구' 자이고 '허물 구' 자인데요. '허물이 없다'는 건 '내가 잘못을 더하지 않는다'는 거예요. 그 입장에 있을 때 빠지기 쉬운 함정에 빠지지 않고 큰 잘못을 저지르지 않아서 '그래도 잘 수습하며 살아가고 있어'라고 얘기하는 게 '무구'예요. 이 '무구'의 상태가 『주역』이 추구하는 삶의 목표예요. '자기 삶에서 허물없이 살아가는 것.' '실수를 하더라도 더 크게 저지레하지 않고 사는 것.' 이런 얘기를 듣고 여러분은 어떤 생각을 하게 되는지 궁금해요. '삶의 목표가 너무 소박한 게 아닐까?'라는 생각이 드시나요? 만약 아직 삶에 대한 열정을 다 불살라

보지 못한 젊은이일 때 이런 말을 들었다면 저도 '무구'를 삶의 목표로 삼는다는 걸 이해하지 못했을 것 같아요. '허물이 없는 것보다는 뭔가 더 대단한 목표를 가져야 하는 게 아닐까?'라고 생각했겠지요.

하지만 지금 저는 반백년을 살았고 지금까지 살아온 인생 경험에 비추어 볼 때 허물없이 살아가는 게 결코 쉽지 않다는 말에 고개를 끄덕이게 됩니다. 나의 선택에 허물이 없으려면 반드시 필요한 것이 통찰력이에요. 판단력이라고도 하지요. 판단을 잘못하면 더 나쁜 쪽으로 저지레하게 되거든요. 자칫하면 뭐가 씐 것 같은 무지한 상태에서 나도 모르게 안 좋은 상황을 더 나쁘게 만드는 거지요. 그러면 후회하게 되고 부끄럽게 되잖아요. 그런데 그렇게 빠져들지 않고 '무구' 정도로 막을 수 있다면 아주 선방하는 거죠. 어떤 일이 벌어졌을 때 그걸 잘 수습했을 때라야 무구일 수 있는 거예요. 인생을 살아온 경험이 쌓일수록 이렇게 살기가 진짜로 어렵다는 걸 깨닫게 됩니다. 법적으로 죄짓지 않는 그런 걸 말하는 게 아니라 내 삶에서 부끄러움 없이 사는 거, 이게 얼마나 어려운가요. 잘못을 하지 않는 게 아니라 뭔가 실수를 했어도 그 실수를 반성하고 제대로 바로잡아 나갈 때 '무구'가 되는 거거든요. 그걸 고치지 않으면 '무구'가 될 수 없어요.

'무구' 다음 단계로 '회'(悔)하고 '린'(吝)이 있어요. '회'는 '후회한다'는 거죠. 후회한다는 것도 중요해요. 『주역』은 우리에게 후회하라고 이야기하고 있어요. 인간은 누구나 실수하지 않을 수 없으니까 후회해야 해요. 그래서 『주역』의 효사에는 '후회가 없어진다'(悔亡)라는 표현이 있어요. 이걸 좋다고 보죠. 후회가 없어진다는 건 후회할 일이 있는데 그것이 사라지게 된다는 건데요. 어떻게 하면 후회가 사라질 수 있을까 생각해 봐야 합니다. 바로 '고칠 개'(改) 자를 그 옆에다 쓰시면 됩니다. 내가 뭔가 잘못을 저질렀어도 그걸 바꾼다는 거예요. 고치면 후회가 사라져요.

근데 고치지 않는다면 어떻게 될까요? 이게 '불개'(不改)잖아요. 이러면 '린'(吝)이 돼요. 이 '린'(吝) 자를 '인'으로 읽으면 '인색하다'는 거예요. 그런데 『주역』에서는 '인'으로 읽지 않고 '린'이라고 읽어요. '부끄럽다'는 겁니다. 어째서 부끄러울까요? 잘못을 하고서도 고치지 않으면 낯을 들고 다닐 수 없게 된다는 거예요. 고치지 않는다는 건 오히려 더 나쁜 짓을 저지르는 거예요. 잘못하고 그걸 덮느라 다시 더 큰 잘못을 저지르게 되지요. 이게 '린'인데요. 다른 사람에게도 잘못하는 거지만 나자신에게 가장 크게 잘못하는 것이라서 정말 부끄러운 거죠.

그다음에 나오는 '려'(厲)는요. 보통은 '사나울 려'로 쓰여요. 그래서 왕 이름에 '려'자가 붙어서 려왕(厲王)이라고 하면 '난폭한 군주'라는 뜻이에요. 왕이 죽고 난 다음 이름을 붙이는 건데 '려왕'이라고 한 거면 굉장히 난폭한 왕인 거죠. 이 려(厲)자가 『주역』에서는 '위태롭다'는 뜻으로 쓰여요. 앞 단계에 해당하는 '부끄러울 린'(吝)이 '도덕적 책임감을 느껴야 한다'라면 위태로운 건 좀 더 상태가 안 좋은 거죠. 뭔가 사회적으로 책임져야 하는 그런 상태가 되는 거예요. 위태로운 상태에서 더 나빠지면 '구'(咎)가 됩니다. '구'(咎)는 결과를 법적·물질적으로 감당해야 하는 상태예요. 공식적으로 책임져야 하는 단계가 '구'(咎)인 거죠.

'구'(咎)에서 더 나빠지면 '흉'(凶)이 됩니다. 이때에는 목숨도 왔다갔다 하는 상황이 되는 거죠. 그렇게 살면 사회적으로 매장될 뿐만 아니라 더 이상 사람 구실하며 살아갈 수 없게 될 수 있는 겁니다. 『주역』에서 '흉'(凶)은 가장 강력한 경고의 메시지라고 할 수 있는데요. 흉한 것이 너무 분명할 때는 흉하다는 말을 생략하는 경우도 있습니다. 수뢰 둔괘(☷) 상육효 효사가 바로 그런 경우죠.

상육효, 말을 탔다가 말에서 내리는 것이니 피눈물을 줄줄 흘린다.

「상전」에서 말했다. "피눈물을 줄줄 흘린다"라고 하니 어찌 오래
갈 수 있겠는가?

上六, 乘馬班如, 泣血漣如.
상 육　승 마 반 여　읍 혈 연 여

象曰, "泣血漣如", 何可長也?
상 왈　읍 혈 연 여　하 가 장 야

만물이 생겨난 초기라서 '천지 사이에 가득 차서 막히고
소통되지 않는 상태'를 의미하는 수뢰 둔괘(䷂)에서 상육은 막
힘[屯]이 극에 달한 상태에서 감(坎)괘 소속이라 험(險)한 처지예
요. 가장 위에 있어서 막힘과 험함이 가장 극심한 상태라고 할
수 있지요. 게다가 음효가 음의 자리에 있어서 이런 상황을 헤
쳐 나갈 역량이 부족하고 도와줄 정응도 없으니 이런 상태에
서 벗어나 보려고 말을 탔지만 나아갈 수도 없고 갈 곳도 없어
서 떠나지 못하고 피눈물을 줄줄 흘리고 있는 겁니다. '피눈물
을 줄줄 흘린다'는 말만 있지만 흉하다는 걸 분명히 알 수 있어
서 흉(凶)이라는 표현이 생략되어 있는 겁니다.

이렇게 길흉의 단계 변화까지 살펴보는 것으로 『주역』 입
문 강의의 이론편을 마치겠습니다. 다음 강의에서는 실전편으
로 주역점을 쳐서 점사를 뽑는 법을 알려드리겠습니다.

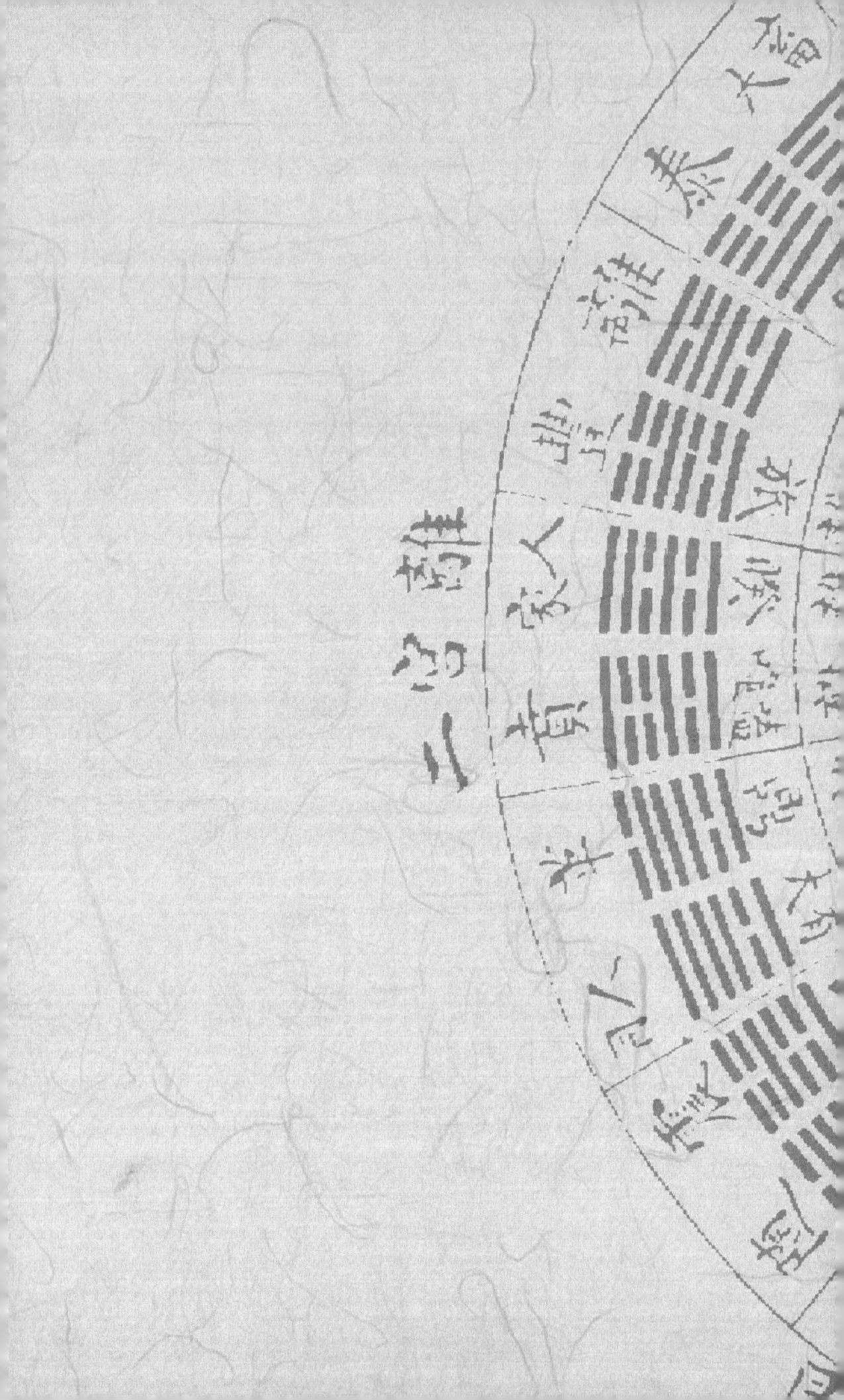

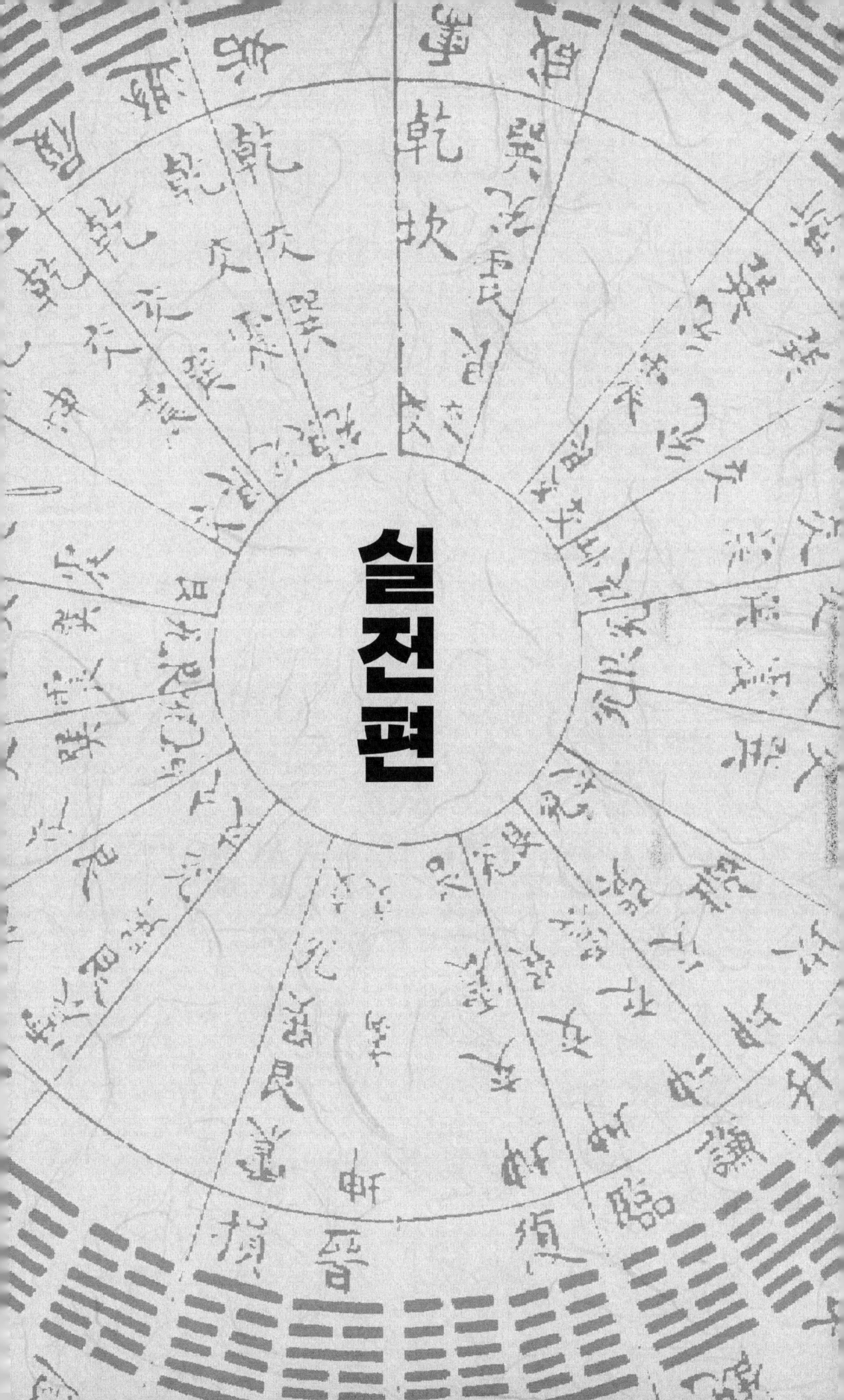

실전편

실전편 일러두기

1. 『주역 입문 강의』 '실전편'에서는 시초점과 동전점을 쳐서 점사(占辭)를 뽑는 방법을 설명하고 있습니다. 점사를 뽑은 후 '실전편' 2부에 수록된 64 괘의 괘사와 효사에서 점사의 내용을 확인하실 수 있습니다.

2. '실전편' 2부에서는 64괘가 어떤 상황을 의미하는지, 그리고 그 상황 속에서 사람들은 어떤 태도로 살아가야 하는지를 「서괘전」과 「대상전」의 내용을 바탕으로 설명하고, 64괘의 괘사와 효사를 수록하였습니다. 해당 괘가 처한 상황 속에서 점사의 의미를 풀이해 보시기 바랍니다.

3. 수록된 64괘의 괘사와 효사는 이 책의 지은이가 풀어읽은 『낭송 주역』(고은주 풀어읽음, 북드라망, 2019)에서 한글 번역 부분만을 옮겨 와 수록한 것입니다. 64괘의 한문 원문과, 「단전」, 「문언전」, 「대상전」, 「소상전」 등은 『낭송 주역』을 참조해 주세요.

1부

『주역』에 묻다
— 주역점 치는 법과
점사의 해석

1장 _ 마음가짐

주역점은 변화무쌍한 세상에서 직관적 방법을 통해 그 변화의 징조, 기세를 읽는 방법입니다. 아무 일이나 함부로 점을 치지 않았고 마음이 정해진 문제에 대해서도 점치지 않습니다. 또 점을 치기 전에는 마음을 안정시켜야 하고, 좋은 점괘가 나오기를 미리 기대해서도 안 됩니다. 윤리적으로 문제가 되는 것을 점치려고 해서도 안 되고요. 편안하게 무념무상의 상태로 점을 쳐야 하는데 무수한 잡념과 욕망들을 내려놓고 절실하게 질문을 하고 그 답을 구한다는 자세를 견지해야 하는 거지요. 옛날에는 점을 치기 전에 목욕재계하고 정좌한 후에 점을 쳤다고 합니다.

주역점은 시초점이라고 불립니다. 시초는 중국에 많이 나는 풀로 원래 주역점은 시초를 이용해서 점을 쳤습니다. 그런데 우리나라에서는 시초가 잘 나지 않아서 대나무를 잘라서 산가지를 만들어서 점을 쳤어요.

하지만 급할 때는 시초점이 아니라 동전점을 칩니다. 왜냐하면 오늘 산가지로 점을 쳐보겠지만 시초를 뽑으려면 시간이 오래 걸려요. 괘 하나를 뽑아 내려면 여섯 개의 효가 필요하잖아요. 그런데 효 하나를 뽑는 과정이 복잡하고 또 그걸 여섯 번 해야 괘를 얻을 수 있기 때문에 시간이 걸립니다.

앞으로 어찌해야 할지 모르기 때문에 점을 치는 거잖아요. 그런데 전쟁이 막 벌어지고 있는데 장군이 시초를 뽑고 있다면 어떨까요? 말도 안 되는 일이고 황당한 상황이 되겠죠. 당장 진격해야 할지, 후퇴해야 할지를 급히 정해야 하는 상황이라면 시초점을 칠 시간이 없어요. 이렇게 속성으로 점괘를 얻어야 할 때는 동전을 던져서 결과를 얻었습니다. 우선 시초점 치는 법부터 알려드린 다음에 동전점 치는 법을 설명해 드릴게요.

점을 칠 때 주의할 점

주역점은 대나무 가지를 이용해서 시초점을 치는 건데요. 제멋대로 하는 게 아니라 아래 네 가지를 염두에 두어야 합니다.

① 의문이 생길 때만 간절한 마음으로 점친다.(이미 결정한 일, 스스로 판단할 수 있는 일은 제외)

② 점을 치기 전날 일찍 잠자리에 들며 마음을 안정시킨다.

③ 자시(子時, 밤 11시 반에서 새벽 1시 반 사이)에는 점치지 않는다.

④ 하나의 일로 한 번만 점을 친다.

우선 주역점은 의문이 생길 때 쳐야 한다고 했습니다. 의문이 생긴다는 건 두 가지 경우를 말합니다. 첫번째, 상황 파악이 안 되는 때입니다. 어떤 변동이 생겨서 대처를 해야 하는데 정보가 없어서 어떤 상황인지 파악이 안 되는 경우가 있지요? 예를 들면 코로나19가 유행하던 초기에 제가 활동하고 있는 인문학당 상우에서는 곡부 여행을 가야 할까, 말아야 할까 고민했었는데요. 그때처럼 상황에 대한 정보가 너무 부족하고 어떻게 판단해야 할지 모르는 경우라면 점을 칠 수 있다는 거지요. 물론 저희가 점을 쳐서 여행 취소를 결정한 건 아닙니다. 취소하는 게 맞다고 판단했기 때문에 여행을 취소했는데요. 그때는 설 연휴 이전이라서 코로나19 감염이 심각하지 않았고 중국 우한도 봉쇄되기 전이어서 우한과 멀리 떨어진 곡부 여행을 못 가는 거냐고 아쉬워하는 분들이 많았어요. 그래도 감염병이 도는데 단체 해외여행은 추진하지 않는 게 좋겠다는 판단이 되어서 취소했던 거죠.

두번째는 내가 뭘 하고 싶은지 분명하지 않은 때입니다. 정보가 충분한데 내가 어떻게 해야 할지 모르겠다거나 도무지 마음을 정하지 못하는 경우가 있잖아요. 이럴 때 점을 칩니다. 반대로 가끔은 정보가 없어도 마음이 정해질 때가 있잖아요. 그렇게 하고 싶은 게 분명히 있을 때는 점을 치지 않아요.

정보도 없고 내 마음도 못 정하겠고…. 이 두 가지에 해당할 때 의문이 생겨요. '어떡하지?' 이게 의문이잖아요. 그럼 질문을 종이에 적습니다. 점을 치다 말고 질문을 중간에 바꾸시면 안 돼요. 그런 분들도 가끔 있다고 하는데 그러면 안 되지요. 점을 친다는 건 어떻게 대처해야 할지 모르겠어서 나의 행로를 천지에 맡기겠다는 마음으로 간절하게 묻는 과정이기 때문입니다.

그러니까 이미 결정한 일 또는 스스로 판단할 수 있는 일은 점치는 게 아닙니다. 마음이 가는 대로, 스스로 판단한 대로 그냥 실행하시면 되는 거죠. 그래서 저 같은 경우는 『주역』 공부를 시작한 지 7년이 넘었지만 마음을 정하지 못하거나 판단할 수 없는 상황에 처한 적이 없어서 한 번도 점을 친 적이 없습니다. 앞으로 살아가다 보면 한 번쯤은 점을 쳐야 할 때를 만날 수도 있겠지요.

상황을 판단할 정보가 없을 때 주역점을 쳤던 대표적인 일화는 6.25전쟁과 관련이 있습니다. 전쟁이 일어나기 직전 『주역』의 대가인 야산 이달 선생이 시초점을 쳤는데 천수 송괘의 구이효[九二, 不克訟, 歸而逋, 其邑人, 三百戶, 无眚/구이효, 송사를 이기지 못하여 돌아가 도망가 숨으니 그 마을 사람이 3백 호 정도이면 화를 자초하지 않으리라]를 점사로 얻었다고 해요. 그래서 일가족과 친척, 제자들, 그 식솔들까지 함께 안면도에 들어가 전쟁이 끝난 뒤에 돌아왔다고 합니다. 전쟁이 발발하기 전부터 38선으로 나눠진 남과 북이 대치하면서 크고 작은 분란이 일어나고 있었는데 어떻게 상황이 변해 나갈지 알 수 없어서 점을 쳤던 것이고, 그 점사에 따라서 전쟁을 피할 수 있었던 거지요. 점은 이렇게 판단할 수 없는 일에 대처하기 위해 치는 겁니다.

점치기 전날 일찍 잠자리에 들고 마음을 안정시킨 다음 점을 쳐야 합니다. 옛날에는 점을 치기 3, 4일 전부터 재계를 했는데요. 몸을 깨끗이 씻고 조용한 별채 같은 곳에서 머무르면서 마음을 비우고 정성을 다했어요. 지금 우리는 이렇게 할 수는 없지만 적어도 점치기 전날에는 일찍 잠자리에 들고 마음을 안정시켜야 하는 거죠. 중요한 건 시간인데 점은 보통 인시(寅時)에 칩니다. 새벽 3시반부터 5시반 사이에 치는 거지요. 그런데 급하면 낮에도 칠 수 있어요. 하지만 자시(子時)에는 절대로 점을 치지 않습니다. 자시는 밤 11시 반부터 새벽 1시 반 사이인데요. 그 바로 앞인 해시(亥時, 9시 반~11시 반)의 괘상은 중지 곤괘(坤, ☷)가 되는데 음이 가장 왕성한 시간이고요. 자시(子時)의 괘상은 지뢰 복괘(復, ☷)로 양 하나가 새롭게 생겨나는 때입니다. 이때는 하루가 마무리되고 다음날로 넘어가면서 천지의 기운이 역동하는 시간이에요. 음양의 배치가 완전히 달라지는 이 시간에는 점을 치지 말아야 합니다.

마지막으로 가장 중요한 포인트는 하나의 일로 한 번만 점을 쳐야 한다는 겁니다. 마음에 드는 괘가 나올 때까지 점을 치면 안 된다는 거예요. 마음에 들지 않아서 인정하지 않는다면 그 자체가 점치는 자의 자세가 아니라는 겁니다. 점을 치는 것은 내가 어떤 상황에 놓여 있는지를 알기 위해서 천지의 기운을 빌려 도움을 받는 과정입니다. 그런데 자신이 원하는 결과가 나올 때까지 점을 친다면 그건 '독'(瀆, 모독함)이 됩니다. '독'(瀆)은 '더럽힌다'는 뜻인데요. 점사 자체가 더러워진다는 의미가 아니라 내 마음이 이미 오염되었기 때문에 어떻게 해도 그 일을 순리대로 풀어나갈 수가 없다는 겁니다. 결국 흉(凶)함만이 있을 뿐이지요. 이렇게 되면 점을 치는 게 아무 소용이 없습니다. 그래서 '1事 1占'. 하나의 일에는 한 번만 점을 치고 점사를 얻고 나서 그것을 깊이 음미해야 하는 겁니다.

2장 _ 시초점 치는 법

시초 준비하기

시초점을 치려면 대나무 산가지로 만든 시초가 있어야 하는데요. 우리나라에서는 점치는 도구를 구하기 어려운데, 대나무로 된 김발을 사다가 풀어서 시초를 마련할 수 있습니다. 시초는 50개 혹은 55개가 있어야 하고요. 이렇게 준비한 시초가 바로 천지와 나의 매개물입니다. 점을 친다는 건 내가 어떻게 해야 할지 알 수 없어서 천지에 묻고 그 답을 구하는 과정입니다. 그러니까 천지와 나를 연결해 줄 매개물이 필요한 거죠.

그런데 시초는 왜 50개 또는 55개를 쓰는 걸까요? 이유가 있겠지요. '이론편'에서 1부터 5까지를 생수(生數, 이 세상을 이루는 원소에 해당함), 6부터 9까지를 성수(成數, 기본 원소들의 결합으로 드러나는 현상에 해당함)라고 했어요. 1부터 9까지가 바

하도(河圖)와 낙서(洛書)의 수 배치

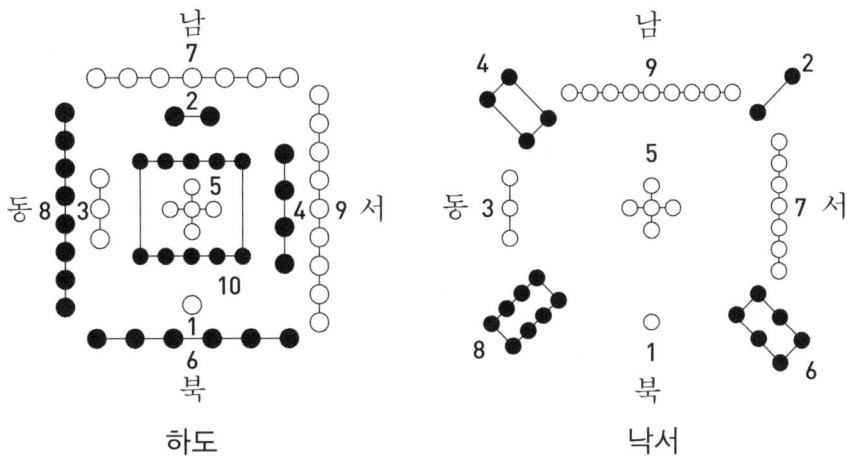

하도   낙서

로 하나의 세계가 시작되어서 마무리되는 과정이라면 10은 다음 세계로 넘어가는 통로라고 할 수 있지요. 1부터 10까지의 수 배치를 하도(河圖), 1부터 9까지의 수 배치를 낙서(洛書)라고 합니다.

하도에 해당하는 수를 모두 더하면 55가 되고, 낙서에 해당하는 수를 모두 더하면 45가 되는데요. 55를 대연수(大衍數, 모든 것을 포괄하는 수)로 보는 입장에서는 55개로 시초점을 치고, 하도와 낙서를 더해서 둘로 나눈 50을 대연수로 보는 입장에서는 50개로 시초점을 칩니다. 55개로 치든 50개로 치든 태극에 해당하는 시초를 제외하고 나면 49개를 가지고 점을 치는 것은 같습니다. 이렇게 시초가 준비되었으면 본격적으로 점치는 과정을 시작해 보겠습니다.

시초점 따라하기

1

시초를 50개 준비한다. 그 중 하나를 뽑아서 앞에 놓아 둔다(왼쪽 그림). 55개를 사용하는 경우에는 여섯 개를 뽑아서 앞에 놓는다(오른쪽 그림). 이는 태극을 상징한다.

2

49개의 시초를 무심하게 양손으로 나누어 잡고, 오른손의 시초를 바닥에 내려놓는다. 왼손은 양이라서 하늘을, 오른손은 음이라서 땅을 상징한다. 이는 '양의'(兩儀)에 해당한다.

3

바닥에 내려놓은 오른쪽 시초 중 하나를 뽑아 왼손 새끼손가락에 낀다. 이는 사람을 상징한다.

* 사람은 땅에서 나는 존재이기 때문에 오른쪽 시초 중에서 하나를 뽑는 것입니다.

4

시초 하나를 왼손 새끼손가락에 낀 상태로 왼손에 잡고 있던 시초를 4개씩 한쪽에 내려놓는다. 왼손에 잡고 있던 시초를 내려놓다가 남은 시초가 1~4개가 되면 이것을 왼손 중지와 약지 사이에 낀다.

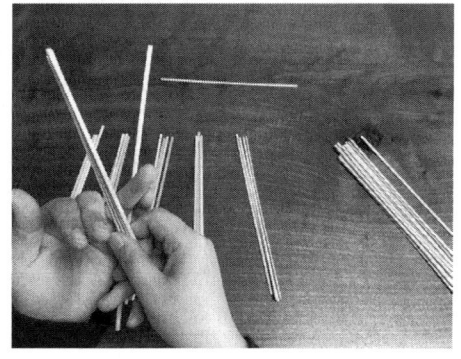

* 하늘을 상징하는 왼쪽에 잡고 있는 시초부터 4개씩 묶어서 한쪽에 내려놓는 것은 사시(四時), 즉 춘하추동을 상징하고 생장수장(生長收藏)의 리듬을 따르는 것을 의미합니다.

오른쪽 바닥에 내려놓았던 시초를 들고 4개씩 세어 다른 한쪽에 내려놓는다. 마찬가지로 남아 있는 시초가 1~4개가 되면 이것을 왼손 검지와 중지 사이에 낀다.

왼손 손가락 사이에 끼워 둔 시초들을 모두 모아서 세어 보면 다섯 개 아니면 아홉 개가 된다. 이 시초들을 태극에 첫번째로 걸어놓는데 이것을 '1변(變)'이라고 한다.

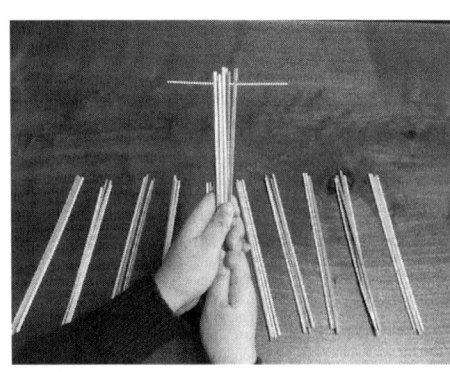 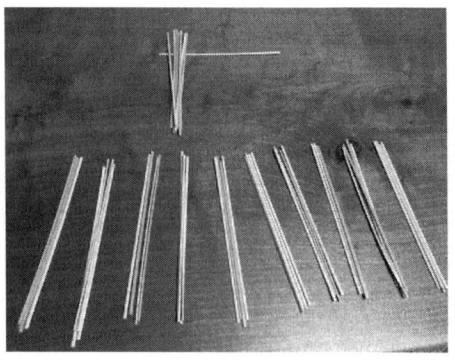

* 왼손 손가락 사이에 끼워 둔 시초가 다섯 개나 아홉 개가 아니라면 4개씩 내려놓을 때 잘못 내려놓았거나 시초 전체의 숫자가 맞지 않았기 때문입니다. 제대로 했다면 절대로 다른 숫자가 나오지 않습니다. 왼손에 끼워 놓은 시초들은 각각 천·지·인 삼재(三才)로부터 유래한 것이니 이것을 모아서 태극에 첫번째로 걸어 놓습니다.

7

1변을 마치고 나면 바닥에는 시초가 40개 또는 44개가 남아 있게 되는데, 이것을 모아 잡아 2변의 과정을 시작한다. 모아잡는 과정에서 점의 주제를 생각하면서 무심하게 양손으로 나누어서 다시 음양 양의를 만들고 오른손의 시초는 바닥에 내려놓는다.

8

땅을 상징하는 오른쪽 바닥의 시초 중 하나를 빼 왼손 새끼손가락에 끼고, 하늘을 상징하는 왼손의 시초를 4개씩 내려놓다가 1~4개가 남으면 남는 시초를 왼손 약지와 중지 사이에 끼고, 오른쪽 바닥의 시초를 4개씩 내려놓다가 1~4개가 남으면 남는 시초를 왼손 검지와 중지 사이에 낀다. 왼손에 끼워 놓은 시초들을 모으면 4개 또는 8개인데 이것을 태극에 두번째로 걸어 놓는다. 이 과정이 2변(變)이다.

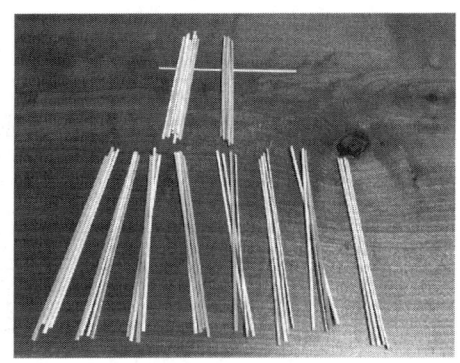

9

2변을 마치고서 바닥에 남아 있는 시초(10조 또는 9조 또는 8조)를 모아 잡고서 점의 주제를 떠올린다. 다시 무심하게 양손으로 나누어 잡고 오른손의 시초를 바닥에 내려놓는다. 오른쪽 바닥에서 시초 하나를 빼서 왼손 새끼손가락에 끼고, 왼손의 시초를 4개씩 내려놓다가 1~4개가 남으면 남는 시초를 왼손 약지와 중지 사이에 끼고, 오른쪽 바닥의 시초를 4개씩 내려놓다가 1~4개가 남으면 남는 시초를 왼손 검지와 중지 사이에 낀다. 마지막으로 왼손에 끼워 놓은 시초들을 모아 보면 4개 또는 8개인데 이것을 태극에 세번째로 걸어놓는다. 이 과정이 3변(變)이다.

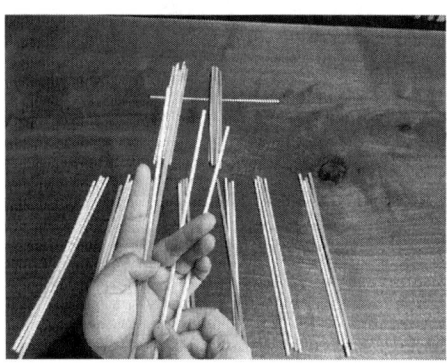 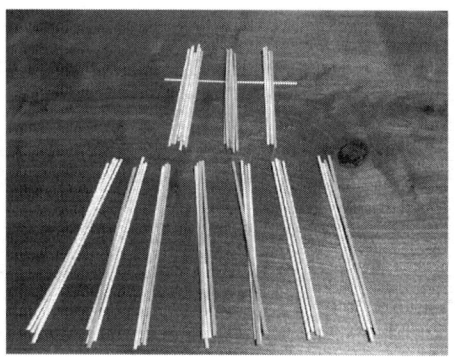

10

이렇게 3변을 다 태극에 걸고 나면, 바닥에 남은 4개짜리 묶음의 개수가 6, 7, 8, 9 중에서 하나로 결정되는데, 이 숫자가 바로 하나의 효의 사상(四象)을 상징한다(효의 사상은 다음 쪽 표 참조). 점괘는 여섯 개의 효로 이루어지므로, 첫번째 효의 사상을 기록해 두고, 3변을 거는 1번부터 9번까지의 과정을 여섯 개의 효를 다 뽑을 때까지 동일하게 반복한다. 효는 초효부터 상효로 가는 순서로 뽑으며, 첫번째 3변이 초효, 마지막 3변이 상효를 뽑는 과정이다.

남은 시초 묶음의 수가 상징하는 것

시초점을 치는 과정을 살펴보았는데요. 이렇게 3변의 과정을 거칠 때마다 하나의 효가 정체를 드러냅니다. 3변을 마쳤을 때 바닥에 남게 되는 시초 묶음의 숫자가 바로 그 효의 사상(四象)이 되는 것인데요. 앞에서 설명했던 것처럼 3변을 마쳤을 때 바닥에 4개씩 내려놓은 시초 묶음이 6(태음, 太陰) / 7(소양, 少陽) / 8(소음, 少陰) / 9(태양, 太陽) 묶음 중 하나가 되기 때문입니다. 표로 정리해 볼까요.

3변을 건 후 바닥에 남은 시초 묶음의 수	6	7	8	9
효의 사상(四象)	태음, 노음 (변하는 음)	소양 (변하지 않는 양)	소음 (변하지 않는 음)	태양, 노양 (변하는 양)
표시	-- ◎	━	--	━ ★

그러니까 3변을 거치면 음효인지 양효인지가 정해지는 것이고 각 효가 변하는 효(변효)인지 변하지 않는 효(불변효)인지도 알 수 있게 됩니다. 6과 8은 음효, 7과 9는 양효가 되는 것이고, 6과 9가 변효, 7과 8이 불변효가 되는 거지요. 음효를 나타내는 기호는 -- 이고, 양효를 나타내는 기호는 ━ 인데,

변효는 본래의 기호 옆에 ◎ 또는 ★표를 더해서 구분할 수 있도록 기록해 둡니다.

3변의 숫자로 효의 사상을 확인하는 법

3변을 마치고 난 다음 얻게 되는 효의 음양과 변화 어부를 바닥에 남은 시초 묶음의 숫자로 알아보는 것이 아니라 태극에 걸어 놓은 시초들의 숫자 조합을 기준으로 찾아볼 수도 있습니다.

1변을 하면 태극에 5 아니면 9개의 시초를 걸어놓게 되고, 2변과 3변에서는 4 아니면 8개의 시초를 걸어 놓게 되는데요. 이렇게 태극에 걸어 놓은 시초 숫자들의 조합을 통해 효의 사상을 찾을 수도 있습니다. 이런 방법과 바닥에 남은 시초 묶음을 세는 방법이 서로 완전히 달라 보이지만 사실 이 두 가지는 같은 방법입니다. 태극에 걸어 두는 시초들 숫자의 조합에 따라 바닥에 남게 되는 시초 묶음의 수가 변하게 되니까요. 이 숫자의 조합과 효의 사상을 찾아보기 쉽게 표로 정리하면 다음과 같습니다.

기호	태극에 걸어 둔 시초의 개수			바닥에 남은 시초 묶음	얻게 되는 효 [표시]
	1변 (5 또는 9)	2변 (4 또는 8)	3변 (4 또는 8)		
A	9	8	8	6	태음, 노음 [- - ◎]
B	5	8	8	7	소양 [—]
	9	4	8		
	9	8	4		
C	5	4	8	8	소음 [- -]
	5	8	4		
	9	4	4		
D	5	4	4	9	태양, 노양 [— ★]

이렇게 3변을 마치고 나면 하나의 효를 얻게 되는데 6효를 얻기 위해서는 18변의 과정을 거쳐야 하는 거죠. 3변을 해서 가장 먼저 얻은 효를 맨 아래에 기록하고 난 다음 앞의 '시초점 따라하기'에서 1부터 9까지의 과정을 다섯 번 더 반복하고 차례대로 위로 쌓아 올려서 기록하면 시초점으로 하나의 괘를 얻게 되는 겁니다.

3장 _ 동전점 치는 법

시초점은 시간이 오래 걸리기 때문에 급한 상황에서는 동전을 던져 점을 칩니다. 동전점 치는 법은 아래와 같습니다.

① 동전을 3개 준비하고 가볍게 바닥에 던진다. 이때 그림이 있는 면은 양(陽)이 되고 숫자가 있는 면은 음(陰)이 된다.

② 던져진 동전의 모습을 보고 효의 사상(四象)을 정한다.

   * 여기서 사상을 정하는 기준은 당나라 『의례소』(儀禮疏) 관례편을 따르고 있습니다. 후대에 동전의 음·양을 다르게 정하는 경우도 있고 소양·소음을 반대로 판정하는 입장도 있습니다. 그러므로 동전점보다는 시초점이 더 정확합니다.

동전의 모습	사상	숫자	기호
동전이 모두 그림일 경우	태양·노양	9	━★
하나만 그림이고 숫자가 둘인 경우	소양	7	━
동전이 모두 숫자인 경우	태음·노음	6	╍◎
하나만 숫자이고 그림이 둘인 경우	소음	8	╍

③ 이렇게 여섯 번을 던져서 초효에서 상효까지 결정한다.

④ 변효/불변효의 개수와 본괘와 지괘를 확인하고『역학계몽』에 따라 점사를 정한다(이에 대한 자세한 설명은 다음 장 참조).

동전으로 점을 치려면 동전 3개가 필요한데요. 동전에 그림이 있는 면이 양(陽)이 되고 숫자가 있는 면이 음(陰)이 됩니다. 어째서 그림을 양, 숫자를 음이라고 할까요? 먼저 생겨난 것이 양이고 나중에 생기는 것이 음이기 때문입니다. 그림이 숫자(문자)보다 나중에 생겼다고 보는 거죠. 만약 그림 없이 숫자와 글자만 있는 동전을 이용해서 점을 치는 경우라면 숫자가 있는 면이 양이 되고 글자가 있는 면이 음이 되는 겁니다.

앞의 표에서 동전의 모습을 보고 효의 사상을 정할 때 모두 그림이 나오면 태양·노양(9, — ★), 모두 숫자가 나오면 태음·노음(6, -- ◎)이라고 하는 건 쉽게 이해할 수 있습니다. 하지만 그림 둘에 숫자 하나가 나오는 경우에는 양(陽)이 둘이고 음(陰)이 하나인데 어째서 소음(8, --)이라고 하는 걸까요? 숫자 둘에 그림 하나가 나오면 음이 둘이고 양이 하나인데 소양(7, —)이라고 하는 것 역시 선뜻 받아들이기 어려울 겁니다.

이걸 이해하기 위해서는 이 책의 이론편에서 태극에서 음양이 나오고, 음양이 한 번 더 분화한 것이 사상(四象)이 되고,

사상에서 음양이 다시 분화한 것이 팔괘(八卦)가 되는 과정을 떠올려야 합니다. 그리고 8괘를 아버지(☰) 어머니(☷) 그리고 3남(☳, ☵, ☶) 3녀(☴, ☲, ☱)에 배치할 수 있었던 이유를 생각해 보셔야 해요(이 책 76~78쪽 참조).

이론편에서도 말씀을 드렸지만 음양 3변을 거쳐 만들어지는 8괘는 소양, 태양, 소음, 태음의 사상에 대입할 수 있는데, 이건 인간관계로도 표현이 됩니다. 순양으로 이루어진 건괘(乾, ☰)는 옛날부터 지금까지 계속 양(陽)이기 때문에 아버지이고, 사상으로 보면 태양(太陽)이 됩니다. 순음으로 이루어진 곤괘(坤, ☷)는 옛날부터 지금까지 계속 음(陰)이기 때문에 어머니이고, 사상 중 태음(太陰)이 되지요.

나머지 6개의 소성괘는 모두 음효와 양효가 섞여 있는데, 양효가 하나 있고 음효가 둘인 괘 중에서 진괘(☳)는 장남, 감괘(☵)는 중남, 간괘(☶)는 소남으로 세 아들이 되고, 사상 중 소양(少陽)이 됩니다. 음효가 하나 있고 양효가 둘인 3개의 괘는 사상으로는 소음(少陰)이고 세 딸을 상징합니다. 손괘(☴)는 장녀, 리괘(☲)는 중녀, 태괘(☱)는 소녀가 되는 거고요.

사상을 결정하는 이치로도 따져 볼 수 있는데요. 태양(太陽: 9)은 양을 바탕으로 양이 새로 생겨난 것이고 오래된 양이라서 노양이라 불린다고 했습니다. 태음(太陰: 6)은 음을 바탕으로 음이 새로 생겨나서 오래된 음이라 노음이라 불리고요. 소양(少陽: 7)과 소음(少陰: 8)을 보면 음과 양이 각각 하나씩 있는데, 음을 바탕으로 양이 새로 생겨난 것을 소양이라고 했고, 양을 바탕으로 음이 새로 생겨난 것을 소음이라고 했지요.

이렇게 사상에서는 음효와 양효의 개수가 아니라 새로 생겨난 기운이 가지는 에너지에 주목해야 하는 거고요. 이것이 동전점을 쳤을 때 음이 둘이고 양이 하나인 것이 소양(少陽: 7)이 되고, 양이 둘이고 음이 하나인 것이 소음(少陰: 8)이 되는 까닭입니다.

마지막으로 시초점과 동전점의 확률이 어떻게 일치하는지를 살펴보겠습니다. 앞의 131쪽의 표를 보시면 시초점을 쳤을 때, 총 8가지 경우의 수 중에서 태양과 태음이 하나씩 나오고 소양과 소음은 각각 3가지가 나오는 것을 확인할 수 있는데요. 세 개의 동전을 던지는 동전점에서도 모두 양이 나오거나 모두 음이 나오는 경우가 각각 8분의 1, 양이 하나만 나오는 경우와 음이 하나만 나오는 경우가 각각 8분의 3으로 동전점과 시초점의 확률이 일치하는 것을 알 수 있습니다.

이제 다음 장에서는 이렇게 시초점 혹은 동전점으로 뽑은 점괘를 가지고, 『역학계몽』의 방법에 따라 점사를 정하고 점괘의 의미를 해석하는 방법에 대해 본격적으로 알아보겠습니다.

4장 _ 주역점을 해석하는 법

『주역』의 점괘는 6개의 효(爻)가 모여 하나의 단위인 괘(卦)를 이룹니다. 시초점을 뽑아서 처음 얻게 되는 괘를 본괘(本卦)라고 하고 본괘에 변효가 있어서 음양이 바뀌게 되어 만나는 괘를 지괘(之卦)라고 합니다.

　점괘를 얻기 위해서 우선 시초를 가지고 18변을 해서 6효를 모두 뽑습니다. 그리고 변효(變爻)와 불변효(不變爻)를 구분하지요. 태음·노음(6), 태양·노양(9)은 이미 기운이 극에 달한 것이라서 바뀌게 될 변효이고, 소음(8), 소양(7)은 이제 시작하는 기운이므로 변하지 않는 불변효입니다. 본괘에서 변효인 태음·노음(6, --◎)은 지괘에서 양으로 변하고, 태양·노양(9, —★)은 음으로 변하게 됩니다. 만일 본괘가 모두 불변효로 되어 있다면 지괘는 만들어지지 않아요.

시초점으로 본괘와 지괘를 얻고 나서 점괘를 어떻게 해석해야 할까요? 주역점에서는 변효가 몇 개인가에 따라서 괘 전체를 읽어야 하기도 하고, 괘의 일부분에 해당하는 효를 읽어야 할 경우도 있습니다. 이걸 어떻게 풀어 나가야 하는지에 대해서 여러 가지 다양한 견해들이 있습니다만 의리역(義理易)을 공부하는 사람들은 주자의 『역학계몽』(易學啓蒙)에서 제시한 방법을 따릅니다. 다음 쪽에 표로 정리해 두었는데요. 이 표를 보면서 예를 들어 살펴보겠습니다.

예컨대 처음 3변을 통해 얻은 효가 소양(7)이고, 그 뒤로 소음(8) / 태양(9) / 소양(7) / 태음(6) / 소음(8)이었다면 아래 그림과 같이 변효가 두 개, 불변효가 넷인 괘를 얻게 됩니다.

위에는 우레와 진동을 상징하는 진괘(震, ☳)가 있고 아래에 불과 밝음을 상징하는 리괘(離, ☲)가 있어서 풍성함을 의미하는 뇌화 풍괘(豊, ䷶)를 얻은 거지요.

『역학계몽』에 제시된 주역점 해석 방법

변효의 수	점사를 뽑는 법
① 6효 모두 불변효일 경우	본괘의 괘사가 점사가 된다.
② 1개 효가 변효일 경우	본괘 변효 효사가 점사가 된다.
③ 2개 효기 변효일 경우	본괘 변효 중 상효(上爻, 위에 있는 효) 효사가 점사가 된다.
④ 3개 효가 변효일 경우	본괘와 지괘의 괘사가 점사가 된다. 이 때, 본괘가 체(體), 지괘가 용(用)이 된다. * 단 지괘가 천지 비(否), 풍산 점(漸), 화산 려(旅), 택산 함(咸), 화수 미제(未濟), 택수 곤(困), 산풍 고(蠱), 수풍 정(井), 뇌풍 항(恒)일 경우에는 본괘 괘사가 점사가 된다. * 지괘가 풍뢰 익(益), 화뢰 서합(筮嗑), 산화 비(賁), 수화 기제(旣濟), 뇌화 풍(豊), 중풍 손(損), 수택 절(節), 뇌택 귀매(歸妹), 지천 태(泰)일 경우에는 지괘 괘사가 점사가 된다.
⑤ 4개 효가 변효일 경우	지괘의 불변효 중에서 하효(下爻, 아래 효)의 효사가 점사가 된다.
⑥ 5개 효가 변효일 경우	지괘의 불변효 효사가 점사가 된다.
⑦ 6효 모두 변효일 경우	중천 건괘(乾)는 용구(用九), 중지 곤괘(坤)는 용육(用六)이 점사가 되고 나머지 괘들은 지괘의 괘사가 점사가 된다.

앞에서 뽑았던 뇌화 풍괘를 보죠. 6개의 효 중 구삼효와 육오효가 변효입니다. 그래서 본괘는 뇌화 풍괘이지만 시간이 지나면서 양이었던 구삼효는 음으로 변하고 음이었던 육오효는 양으로 변하게 됩니다. 그러므로 변효에 의해 만들어지는 지괘는 기뻐하며 뒤따름을 의미하는 택뢰 수괘(隨, ䷐)가 됩니다. 위는 못과 기쁨을 상징하는 태괘(兌, ☱)가 되고 아래는 우레와 움직임을 상징하는 진괘(震, ☳)로 변하기 때문이지요.

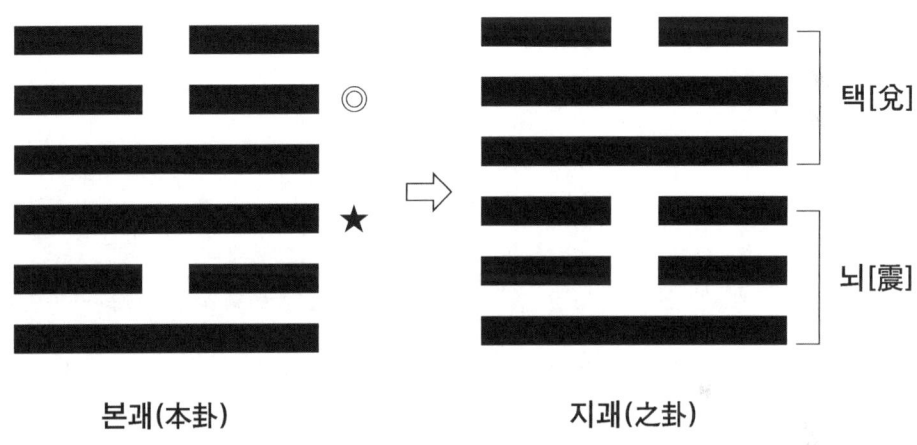

본괘(本卦)　　　　　　　　　지괘(之卦)

이렇게 지괘까지 확인한 후에 왼쪽의 표를 다시 볼까요. 『역학계몽』에 따르면 "2개 효가 변효일 경우 : 본괘 변효 중 상효(上爻, 위에 있는 효) 효사가 점사가 된다"라고 했으니 본괘인 뇌화 풍괘 변효 중에서 위에 있는 육오효의 효사를 점사로 읽어 내면 됩니다.

효사가 점사가 될 때는 괘 전체가 어떤 상황인지를 파악해야 하고 그 효사에 대한 「소상전」도 보면서 그 의미를 해석해야 합니다.

뇌화 풍괘는 64괘 중 55번째 괘로 풍성하고 성대해지는 때입니다. 육오효 효사와 「소상전」은 다음과 같습니다.

> 육오효, 아름답고 훌륭한 인재(육이는 물론이고 초구와 구삼, 구사까지)를 오게 하면 경사와 영예가 있어 길하리라.
>
> 「상전」에서 말했다. 육오효의 길함에는 경사가 있음이다.
>
> 六五, 來章, 有慶譽, 吉.
> 육 오　래 장　유 경 예　길
>
> 象曰, 六五之吉, 有慶也.
> 상 왈　육 오 지 길　유 경 야

풍성하고 성대해지는 때에 육오효는 부드러운 음의 자질을 가지고 군주의 자리에 있어서 풍성함을 주도하는 입장입니다. 중정한 인재인 육이가 와서 육오와 함께한다면 좋은 일이 생기고 명예를 얻게 되는데, 육이를 등용하면 굳센 양의 자질을 가진 초구, 구삼, 구사효까지 무리지어 육오효를 돕게 된다는 것으로 볼 수 있습니다. 이 경우 점사는 어떻게 풀이하면 될까요? 높은 자리에 있는 육오효가 자기보다 낮은 자리에 있는 인재들에게 자신을 낮추기 때문에 경사와 명예를 누리게 되는 상황이니, 점치는 사람이 자신의 부족함을 솔직하게 인정하고 주변에 있는 능력 있는 사람들을 높이고 손잡고 함께해 나갈 때 풍성하고 성대한 성과를 얻을 수 있고 길(吉)하다고 해석하면 되겠습니다.

그런데 처음 3변을 통해 얻은 효가 소양(7)이고, 그 뒤로 소음(8) / 태양(9) / 소양(7) / 태음(6) / 태음(6)이었다면 본괘는 여전히 뇌화 풍괘이지만 변효가 셋이 됩니다. 변효가 달라지니 지괘 역시 바뀌게 되는데요. 하늘을 상징하는 건괘(乾, ☰)가 위에 있고 우레와 움직임을 상징하는 진괘(震, ☳)가 아래에 있어 천도에 맞게 움직임을 의미하는 천뢰 무망괘(无妄, ☲)가 됩니다.

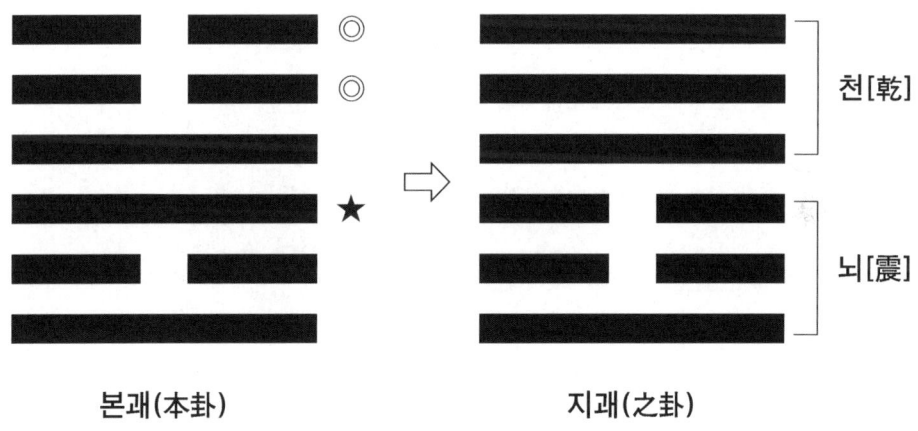

본괘(本卦)　　　　　　　　지괘(之卦)

이렇게 변효가 셋인 경우 『역학계몽』에 따르면 "본괘와 지괘 괘사가 점사가 되는데 본괘가 체(體)가 되고 지괘가 용(用)이 된다"라고 했는데요. 체(體)가 본질이라면 용(用)은 드러나는 현상이라고 할 수 있고요. 일반적으로 본괘 괘사에서 지괘 괘사로 상황이 바뀌어 간다고 해석합니다.

　변효가 셋일 경우 주의해서 살펴봐야 할 것은 지괘가 점사 해석에 예외가 되는 두 가지 경우에 해당하는지의 여부입니다.

①"단, 지괘가 천지 비(否), 풍산 점(漸), 화산 려(旅), 택산 함(咸), 화수 미제(未濟), 택수 곤(困), 산풍 고(蠱), 수풍 정(井), 뇌풍 항(恒)일 경우에는 본괘 괘사가 점사가 된다."

②"지괘가 풍뢰 익(益), 화뢰 서합(噬嗑), 산화 비(賁), 수화 기제(旣濟), 뇌화 풍(豊), 중풍 손(損), 수택 절(節), 뇌택 귀매(歸妹), 지천 태(泰)일 경우에는 지괘 괘사가 점사가 된다."

　이 경우는 지괘가 천뢰 무망괘여서 예외에 해당되지 않습니다. 그러므로 본괘인 뇌화 풍괘의 괘사를 체(體)로, 지괘인 천뢰 무망괘의 괘사를 용(用)으로 해석해야 하고 뇌화 풍에서 천뢰 무망으로 상황이 바뀌어 간다고 해석해야 합니다.

　점사를 해석하기 위해서 우선 두 괘의 괘사를 찾아야 하지요.

뇌화 풍 괘사

풍괘는 형통하다. 왕만이 이를 제대로 할 수 있으니, 근심이 없으려면 마땅히 해가 중천에 뜬 듯이 해야 한다.

豐, 亨. 王假之, 勿憂, 宜日中.
풍 형 왕격지 물우 의일중

천뢰 무망 괘사

무망괘는 크게 형통하고 바르게 함이 이로우니, 그 올바름이 아니면 화를 자초하고, 가는 바를 두면 이롭지 않다.

无妄, 元亨, 利貞, 其匪正, 有眚, 不利有攸往.
무망 원형 리정 기비정 유생 불리유유왕

점사의 초반이자 본질에 해당하는 뇌화 풍괘는 모든 것이 풍성하고 성대해지는 때라서 형통한데 지도자가 자신의 역할을 제대로 해내야 감당할 수 있는 상황입니다. 이때 "해가 중천에 뜬 것처럼" 해야 하니 투명성과 공정함을 확보하는 것이 관건이라 할 수 있어요.

점사의 후반이자 현상에 해당하는 천뢰 무망괘는 하늘의 이치에 맞게 움직여서 망령되지 않은 때입니다. 이치대로 움직이기에 크게 형통할 수 있는 상황이지만 거기에서 벗어나게 되면 화를 자초하게 됨을 경계해야 합니다. 원칙을 지켜나가면서 순리대로 일을 풀어 나가야 하는 거지요.

이 점괘는 뇌화 풍의 기운으로 시작된 상황이 천뢰 무망 괘로 바뀌어 마무리됩니다. 그러니까 과정에서는 절차적 투명성과 공정함을 확보해야 하고 결과적으로는 원칙을 지켜나가면서 순리대로 일처리를 해야 한다고 해석할 수 있겠습니다.

이처럼 변효/불변효의 개수가 달라지면 점사가 달라지는데요. 앞에 나온 『역학계몽』의 방식에 따라 점사를 정하고 찬찬히 살펴보면서 해석하면 됩니다. 시초점이 아니라 동전점을 쳐서 점괘를 얻은 경우 역시 마찬가지입니다.

2부

꼬리에 꼬리를 무는 64괘

― 64괘의 설명과 괘사·효사

누군가 『주역』이 무엇이냐고 묻는다면 저는 '때[時]의 변화를 읽어 내는 삶의 지도'라고 답하겠습니다. 그래서 점사를 해석할 때는 물론이고 『주역』을 공부해 나갈 때 각 괘가 어떤 상황인지를 아는 것이 가장 중요하다고 할 수 있습니다.

64괘 중에는 초육이 32개, 초구가 32개 있어요. 그런데 어떤 초육은 좋다고 하고 어떤 초육은 흉하다고 하지요. 초구 역시 마찬가지고요. 지산 겸괘의 초육효는 길하다 하고, 뇌지 예괘의 초육효는 흉하다고 하는 것처럼요. 각 효가 소속되어 있는 괘가 다르다는 건 처한 상황이 다른 것이어서 같은 초육이 아니게 됩니다. 겸손할 때의 초육하고 기쁘고 화락할 때의 초육은 완전히 다른 존재인 거죠. 그러니까 우선 상황과 조건에 해당하는 괘의 의미를 제대로 파악해야만 때에 맞추어 적중하는[時中] 삶을 살아갈 수 있어요.

우리가 살아가는 '때'[時]가 계속 바뀌어 가는데. 역(易)은 그걸 64괘로 정리해 놓았습니다. 문왕이 『주역』을 지금 우리가 공부하는 순서대로 배치했고, 공자가 64괘가 꼬리에 꼬리를 물고 이어지는 이치를 「서괘전」(序卦傳)으로 밝혀 두었지요.

끝임없이 변화하는 시절을 겪어 내면서 자기 중심을 잡고 '허물이 없는'[无咎] 삶을 살아가기 위해 우리는 『주역』을 찬찬히 읽어 나가며 음미해야 합니다. 인류의 지혜가 응축된 『주역』을 통해 지금이 어떤 때인지, 그 안에서 많은 사람들의 관계가 어떻게 얽혀서 작동하고 있는지, 각자의 자리에서 갖게 되는 생각과 욕망이 무엇인지를 들여다볼 수 있을 때 후회 없는 선택을 할 수 있게 되고 각자에게 주어진 삶을 온전하게 살아갈 수 있기 때문이지요.

『주역』의 지혜에 접속하는 첫걸음으로 「서괘전」을 바탕으로 해서 중천 건괘부터 마지막 화수 미제괘까지 줄줄이 이어지는 64괘가 각각 어떤 상황에 해당하는지를 파악해 보고, 「대상전」(大象傳)을 바탕으로 각 괘마다 무엇을 해야 할 때인지를 살펴보겠습니다. 아울러 각 괘에 대한 설명 뒤에는 각 괘의 괘사와 효사를 함께 실어 구체적으로 괘의 모습을 살피고 점사를 찾아볼 수 있도록 했습니다.

1

굳건한 하늘의 덕, 중천 건
重天乾

64괘를 시작하는 중천 건괘(乾, ䷀)는 하늘[天]을 상징하는 건괘(乾, ☰)가 중첩되어 있습니다. 이 괘는 말 그대로 하늘이 열리는 상황, 즉 우주의 시작을 의미하며 6효가 모두 양효로 채워져 있습니다. 일사분란하게 움직이는 양(陽)의 기운으로 모든 일을 시작하는 때라고 할 수 있지요. 시작하는 순간 그 안에 시작(生=元)―성장(長=亨)―결실(收=利)―마무리(藏=貞)가 모두 들어 있듯이 중천 건괘는 64괘 전체를 포괄하고 있는 시작을 의미합니다.

날이 가면 달이 오고, 추위가 가면 더위가 오며, 낮과 밤, 어둠과 밝음이 순환하여 쉼이 없는 것이 하늘의 법칙이죠. 그러니 건괘는 굳세게 나아가는 것이고, 자기가 해야 할 일을 쉼 없이 계속해 나가야 하는 괘라고 할 수 있습니다.

『주역』을 점서가 아닌 군자로 살아가기 위한 지침서로 읽어 낸 유학자들에게 중천 건괘의 때는 자신을 갈고닦으면서[修身] 그 영향력을 넓혀 나가는 것을 쉼 없이 계속해야 하는 시기

입니다. 그래서 '스스로 힘쓰기에 그침이 없다'(自彊不息)고 했
지요.

괘사　건괘乾卦는 원元하고 형亨하고 리利하고 정貞하다. 만물을 시
　　　작하게 하는 근원이고, 만물을 성장시켜 형통하게 하고, 만
　　　물을 촉진시켜 이롭게 하고, 만물을 완성시켜 바르게 한다.

초구효, 물에 잠긴 용이니 쓰지 말라.

구이효, 용이 나타나 밭에 있으니 대인을 만나는 것이 이롭다.

구삼효, 군자가 종일토록 그침 없이 힘쓰며 저녁이 되어도 두려운
　　　듯이 하면 위태로우나 허물이 없다.

구사효, 혹 뛰어오르거나 연못에 있으면 허물이 없다.

구오효, 날아오른 용이 하늘에 있으니 대인을 만나는 것이 이롭다.

상구효, 너무 높이 올라간 용이니 후회가 있다.

용구,　여러 용을 보되 우두머리가 되지 않으면 길하다.

2
만물을 기르는 땅의 덕, 중지 곤
重地坤

☷☷

중천 건괘가 모두 양효라면 중지 곤괘는 6효가 모두 음(陰)으로 되어 있습니다. 이 괘는 천도의 운행에 맞추어 만물을 길러 내는 땅의 덕을 의미하지요. 중천 건괘가 만물을 주도하는 성인(聖人)이면서 군주에 해당한다면 중지 곤괘는 지도자를 따르는 군자이면서 신하라고 할 수 있어요. 천도를 따라 세상을 이롭게 하면서도 올바름을 굳게 지켜야 하고, 암말이 땅끝까지 걸어가듯이 자신이 해야 할 일을 꾸준히 하는 겁니다.

하늘이 기운으로 운행한다면 땅은 형체가 있어서 만물을 싣고 품습니다. 군자는 땅의 작용을 본받아 자신의 덕을 두텁게 하고 만물을 길러 내서 그 생명을 다 이룰 수 있게 해주어야 하는 거지요. 수신과 제가로부터 치국과 평천하에 이르기까지 굳건하게 실천해 나가면서도 부드러운 덕으로 포용력을 발휘해야 한다는 겁니다.

괘사 곤괘坤卦는 원元하고 형亨하고 리利하고 암말의 정貞함이다. 만물이 생겨나는 근원이고, 만물을 성장시켜 형통하게 하고, 만물을 촉진시켜 이롭게 하고, 만물을 완성시키는 암말의 올바름이니 군자가 나아갈 바를 둔다. 앞장서면 헤매게 되고 뒤따르면 항상된 도리를 얻을 것이니 이로움을 주관한다. 서쪽·남쪽은 벗을 얻고 동쪽·북쪽은 벗을 잃으니 편안히 여기고 올바름을 굳게 지켜야 길하다.

초육효, 서리를 밟으면 단단한 얼음이 이르게 된다.

육이효, 곧고 반듯하고 위대하다. 애써 익히지 않아도 이롭지 않음이 없다.

육삼효, 안으로 아름다움을 머금어 올바름을 지킬 수 있으니 혹 나랏일에 종사하더라도, 그 성공을 자기 것으로 하지 말고 끝마침이 있어야 한다.

육사효, 주머니를 묶으면 허물이 없고 영예도 없으리라.

육오효, 황색 치마이면 크게 좋고 길하다.

상육효, 용이 되어 들판에서 싸우니, 그 피가 검고 누르다.

용육, 오래도록 지속함과 올바름을 굳게 지키는 것이 이롭다.

3
천지에 가득하여 막힘, 수뢰 둔
水雷屯

중천 건, 중지 곤괘에서 천지가 만들어졌다면 그 이후 만물이 생겨나서 천지에 꽉 차 있는 상태가 수뢰 둔괘의 때입니다. 수뢰 둔괘는 감괘(坎, ☵)와 진괘(震, ☳)로 되어 있는데 감괘는 구름, 진괘는 우레를 상징합니다. 구름이 꽉 찬 하늘에 우레가 치고 있지만 아직 비가 내리지 않은 상태라고 할 수 있습니다.

만물이 처음 생겨날 때 무질서하게 천지를 채우고 있어서 꽉 막혀서 통하지 못하고 있는 수뢰 둔의 상태는 어떤 일을 시작했을 때 체계가 잡히지 않아 막히고 꼬이는 국면에 해당됩니다. 이때 군자가 해야 할 일은 전체적인 구도를 파악하고 복잡하게 막혀 있는 상황을 정리해서 제대로 일할 수 있도록 체계를 잡아 나가는 데 있습니다.

괘사 둔괘屯卦는 크게 형통하고 바르게 함이 이롭다. 나아갈 바를 두지 말고, 자신을 보좌할 제후를 세우는 것이 이롭다.

초구효, 주저하는 모습이니 올바름을 지키며 그 자리에 머무는 것이 이롭고, 제후를 세우는 것이 이롭다.

육이효, 막힌 듯해서 머뭇거리며 말을 탔다가 말에서 내리니, 도적초구이 아니면 혼인할 짝구오이 오리라. 여자육이가 올바름을 지켜서 시집가지 않다가 십 년이 되어서야 자식을 키우게 된다.

육삼효, 사슴을 쫓는데 사냥터지기가 없어 숲 속으로 들어감이다. 군자가 기미를 보고 사슴 쫓기를 그만두는 것만 못하니 그대로 가면 부끄러우리라.

육사효, 말을 탔다가 말에서 내리니, 혼인할 짝초구을 구하여 구오의 군주에게 가면 길하여 이롭지 않음이 없다.

구오효, 군주가 베푸는 은택이 막혀서 아래까지 미치지 않는다. 조금씩 점차로 바로잡으면 길하고 크게 단번에 바로잡으려고 하면 흉하다.

상육효, 말을 탔다가 말에서 내리는 것이니 피눈물을 줄줄 흘린다.

4
어린아이와 어리석음, 산수 몽
山水蒙

수뢰 둔괘가 만물이 처음 시작될 때 꽉 차서 막혀 있는 상황이라면 산수 몽괘는 만물이 처음 생겨나서 어린 상태를 의미합니다. 세상에 생겨난 지 얼마 되지 않아 어리고 뭘 잘 몰라서 몽매함이 되기도 합니다.

산수 몽괘는 그침을 의미하는 간괘(艮, ☶)가 위에 있고, 험함을 의미하는 감괘(坎, ☵)가 아래에 있어, 험한 것을 만나 멈추어 어디로 가야 할지 알지 못하는 상황이지요.

산 아래에서 샘물이 처음 솟아 나와 아직 흘러갈 방향이 정해지지 않은 상태지만 미약하게 시작한 물줄기가 강물이 되어 흘러갈 것임을 군자는 알고 있습니다. 그러므로 과감하게 실행하고 덕을 길러 나가야 하는 때가 됩니다.

괘사　몽괘蒙卦는 형통하다. 내구이가 어린아이童蒙, 육오에게 구하는 것이 아니라, 어린아이가 나를 찾는 것이다. 처음 묻거든 알려 주지만 두 번 세 번 물으면 모독하는 것이다. 모독하면 알려 주지 않으니, 자신을 바르게 지키는 것이 이롭다.

초육효, 어리석음을 깨우쳐 주는 초기에는 형벌을 가하듯이 엄격하게 하는 것이 이롭다. 그러고 나면 속박하고 있던 차꼬와 수갑을 벗겨 주어야 하니, 그대로 나아간다면 부끄럽기 때문이다.

구이효, 어리석음을 포용해 주면 길하다. 부인의 말도 받아들이면 길할 것이니, 자식이 집안일을 잘하는 것이다.

육삼효, 이런 여자에게 장가들지 말아야 한다. 돈 많은 남자金夫, 구이를 보고 자기 몸을 지키지 못하니, 이로울 바가 없다.

육사효, 어리석음에 빠져 곤란을 겪게 되니 부끄럽다.

육오효, 어려서 잘 알지 못하는 것童蒙이라 길하다.

상구효, 어리석음을 쳐서 일깨워 주는 것이다. 도적이 되는 것은 이롭지 않고, 도적을 막는 것이 이롭다.

5

성장을 위한 기다림, 수천 수
水天需

산수 몽괘가 만물이 시작될 때의 어린 상태를 의미하기에 어린 것을 먹여서 길러 내고, 다 자라기를 기다리는 국면에 해당하는 수천 수괘가 다음에 이어집니다. 수천 수괘에서는 구름을 의미하는 감괘(坎, ☵)가 하늘을 의미하는 건괘(乾, ☰) 위에 있는데, 이걸 구름이 하늘 위로 올라가고 있는 때라고 보는 겁니다. 이제 막 구름이 피어오르고 있으니 비가 되어 내리려면 기다려야 하는 상황인 거지요.

구름이 하늘로 올라가면 만물에 그늘이 지고, 쏟아져 내리면 만물이 그 은택으로 풍성해지고 살이 찌며 꽃이 피고 번성하게 될 것입니다. 하지만 그때가 될 때까지 군자는 마시고 먹는 것으로 편안하게 즐기고 자신을 충실하게 길러 내면서 때를 기다려야 합니다.

괘사 수괘需卦는 내면에 꽉 찬 믿음이 있어서 빛나고 형통하며 올바름을 지키고 있어 길하니, 큰 강을 건너는 것이 이롭다.

초구효, 교외에서 기다리는 것이니 항상됨을 지키는 것이 이롭고 허물이 없다.

구이효, 모래사장에서 기다리는 것이니 구설수가 조금 있지만 끝내 길하리라.

구삼효, 진흙탕에서 기다리니 도적이 이르도록 자초한다.

육사효, 피를 흘리며 기다리는 것이니 스스로 안전한 곳에서 나온 것이다.

구오효, 술과 음식을 먹으며 기다리니 바르고 길하다.

상육효, 편안한 곳穴으로 들어가는 것이니 부르지 않은 손님 셋하괘에 있는 3개의 양효이 오지만 그들을 공경하면 끝내 길하리라.

6

다툼과 송사, 천수 송
天水訟

수천 수괘는 필요해서 기다리는 것이고 음식을 의미하는데, 먹을 것이 있으면 반드시 송사가 생기기 때문에 천수 송괘로 이어집니다. 하늘을 상징하는 건괘(乾, ☰)가 위에 있고 물을 상징하는 감괘(坎, ☵)가 아래 있어, 하늘은 위로 올라가려 하고 물은 아래로 가려 합니다. 이렇게 서로 어긋나니 송사를 하게 되지요. 또 위에 있는 건괘의 성정은 굳세고 아래 있는 감괘의 성정은 험하기 때문에 강한 것과 험한 것이 서로 붙어 있어서 다툼이 있게 되는 상황입니다.

천수 송괘에서 군자는 일을 시작하는 단계에서부터 인간관계 맺기를 신중하게 하고 책임을 분명히 해서 분쟁의 소지를 만들지 않도록 해야 합니다.

괘사 송괘訟卦는 내면에 진실한 믿음이 있으나 막혀서 두려우니, 중도를 지키면 길하고 끝까지 가면 흉하다. 대인을 만나면 이롭고 큰 강을 건너는 것이 이롭지 않다.

초육효, 다투는 일을 끝까지 하지 않으면 약간 구설수가 있으나 결국에는 길하리라.

구이효, 송사를 이기지 못하여 돌아가 도망가니 그 마을 사람이 3백 호 정도이면 화를 자초하지 않으리라.

육삼효, 예전부터 해오던 일을 하며 먹고살아 가니 올바름을 굳게 지키면 위태로우나 결국에는 길하다. 혹 나랏일에 종사하여도 공을 자신의 것으로 할 수 없다.

구사효, 송사를 할 수 없으니 돌아와 자신에게 주어진 본분에 나아가고, 마음을 바꾸어 편안하게 여기고 올바름을 굳게 지키면 길하다.

구오효, 송사에 크게 선하고 길하다.

상구효, 혹 관복의 큰 띠를 하사받더라도 하루아침이 끝나기도 전에 세 번 빼앗기리라.

7

군대를 이끌고 군중을 통솔함, 지수 사
地水師

☷☵

천수 송괘는 송사를 의미하는데 다툼과 분쟁이 집단적으로 번져 나가면 군대를 일으켜 전쟁을 하게 되니 지수 사괘로 이어집니다. 사(師)는 고대의 군제(軍制)에서 병사 2,500명을 가리키고 언덕[阜]을 빙 두를[帀] 규모에 해당합니다. 이렇게 많은 사람이 모이면 그 무리를 이끌어 갈 사람이 있어야 하기에 '스승'이라는 뜻이 되기도 하지요.

지수 사괘는 곤괘(坤, ☷)가 위에 있고 감괘(坎, ☵)가 아래이니, 땅속에 물이 있어서 무리가 모이는 상황입니다. 또 양효가하나 있어서 여러 음효를 이끌지만 아래 소성괘에 있으니, 무리를 이끄는 장수의 상이기도 합니다.

일단 군대를 움직이면 인명을 해치고 재물을 소진하게 되고 천하에 해독을 끼칠 수밖에 없습니다. 그럼에도 불구하고민심이 따를 수 있는 것은 명분이 있고, 군대를 이끄는 장수가뛰어난 자질과 능력을 발휘하여 군령으로 무리를 이끌기 때문입니다. 군자는 이 괘를 보고 백성들을 포용하고 민생을 안정시켜 국력을 길러 내야 합니다.

괘사와 효사

괘사 사괘師卦는 올바름을 굳게 지켜야 하니, 다른 사람들을 이끌 수 있어야 길하고 허물이 없다.

초육효, 군대를 일으키는 데 규율로써 하니, 그렇지 않다면 승리하더라도 흉하다.

구이효, 군대의 일에 있어서 중도를 지켜 길하고 허물이 없으니, 왕이 신임하여 세 번 명을 내린다.

육삼효, 군대의 일을 혹 여러 사람이 주장하면 흉하다.

육사효, 군대가 물러나 머무르니 허물이 없다.

육오효, 밭에 짐승오랑캐이 들어오면 명령을 받들어 잡는 것이 이로우니 허물이 없다. 맏아들이 군대를 거느렸으니, 여러 동생들이 주장하게 하면 바르더라도 흉하리라.

상육효, 위대한 군주가 명을 내리는 것이니, 제후를 봉하고開國 경대부를 삼을 때承家에 소인을 쓰지 말라.

8

친밀하게 도움을 주고받음, 수지 비
水地比

☵
☷

지수 사괘가 무리가 모이고 군대가 움직이는 상황이라면 이어지는 수지 비괘는 사람들이 무리지어 있으면서 서로 가까이하고 돕는 국면입니다. 비(比)는 '나란하다, 가깝다'는 의미로 전쟁이 끝나고 어려운 상황에서 사람들이 서로 도와 전후 복구를 돕는 때에 해당합니다.

수지 비괘는 감괘(坎, ☵)가 위에 있고 곤괘(坤, ☷)가 아래에 있으니, 물이 땅 위에 고여 있어서 서로 지극히 가까워 틈이 없는 상황입니다. 다섯 효가 모두 음인데 하나 있는 양효가 5효로 군주의 자리에 있어 백성들과 가까이하며 돕는 상입니다.

이전 시대의 위대한 군주[先王]들은 수지 비괘를 보고 여러 제후국을 세우고 제후들과 가까이 지내면서 도왔습니다. 혼자서 모든 일을 다 해내는 것이 아니라 곳곳에 책임을 나누어 맡을 사람을 세우고 그들과 협력하는 시스템을 공고히 해야 하는 때인 거죠.

괘사   비괘比卦는 길하니 근원을 잘 살피되, 성숙한 지도력元과 일 관성永, 그리고 도덕적인 확고함貞을 갖추었다면 허물이 없 다. 편안하지 않아야 비로소 올 것이니, 뒤처진다면 강한 사 내일지라도 흉하리라.

초육효, 진실한 믿음을 가지고 사람과 가까이 지내며 도와야 허물이 없다. 내면의 믿음이 질그릇에 가득 차듯이 하면, 결국에는 뜻하지 않은 길함이 온다.

육이효, 사람들과 가까이 지내며 돕기를 내면으로부터 함이니, 올바 름을 지켜서 길하다.

육삼효, 인간 같지 않은 자와 가까이 지내며 돕는 것이다.

육사효, 밖으로 가까이 지내며 돕는 것이니, 바르게 행하여서 길하 다.

구오효, 가까이 지내며 돕는 것을 드러냄이다. 왕이 세 방향으로 몰 아가면서 앞서 도망가는 짐승을 잡지 않으며 자신이 직접 다스리는 곳의 사람들에게만 약속하지 않으면 길하다.

상육효, 사람들과 가까이 지내며 돕는데 처음부터 믿음이 없으니, 흉 하다.

9

음(陰)이 저지함, 풍천 소축
風天小畜

수지 비괘가 가까이 지내며 돕는 상황이라면 풍천 소축괘는 만물이 서로 돕고 따라서 쌓이는 것이 있게 되는 때입니다. '축'(畜)은 '쌓이는 것'이고 '그치는 것'인데, 소축(小畜)이라고 한 것은 작은 것을 쌓아 큰 것을 이루는 상황이기도 하고, 하나 있는 음효가 여러 양효를 부드러움으로 저지하는 국면이기 때문이기도 합니다.

위에는 손괘(巽, ☴)가 있고 아래에 건괘(乾, ☰)가 있는데, 바람이 하늘 위에서 불어오는 상입니다. 본래 순양으로 이루어진 건괘는 하늘이고 위에 있는 것이고 강건한 성정인데 바람에 막혀 아래에 머무르고 있는 상황입니다. 힘으로 막은 것이 아니라 장녀에 해당하는 손괘가 자신을 낮추고 이치를 따르는 것(巽順)으로 저지한 것이니, 소축이라고 한 거죠.

풍천 소축은 작은 것을 쌓아서 큰 것을 이루는 때입니다. 이때 군자는 문장을 갈고닦고 재예(才藝)를 쌓아 빛냅니다. 문장과 재예에 힘쓰는 것은 도의(道義)를 닦는 것에 비해 말단(末

端)이며 작은 일이기에 소축의 때에 쌓아 두어야 하는 거지요.

괘사   소축괘小畜卦는 형통하다. 구름이 빽빽한데 비가 오지 않는 것은 내가 서쪽 교외에서 왔기 때문이다.

초구효, 회복함이 도를 따름이니 무슨 허물이 있겠는가? 길하다.

구이효, 이끌어 연합하여 회복함이니 길하다.

구삼효, 수레에 바퀴살이 빠진 것이니 부부가 서로 반목하는 것이다.

육사효, 진실한 믿음을 다하면 피 흘리는 상황에서 벗어나고 두려움에서 빠져나오니 허물이 없다.

구오효, 진실함과 믿음이 있음이다. 여러 양陽들을 끌어당겨서 부유함으로써 그 이웃과 함께하는 것이다.

상구효, 비가 오고 나서 그침은 덕을 숭상하여 가득 쌓인 것이니 부인이 이것을 계속 고수하면 위태롭다. 달이 보름에 가까워서 음陰의 기운이 가장 왕성한 것이니, 군자가 움직이면 흉하리라.

10

예(禮)의 실천, 천택 리
天澤履

풍천 소축괘에서 작은 것을 쌓아 크게 만든다면 천택 리괘는 만물이 모이고 나서 예(禮)가 있게 되는 때입니다. 만물이 모이게 되면 크고 작음, 높고 낮음, 아름다움과 추함의 구분이 생기게 되는데 이런 분별을 바탕으로 예가 만들어집니다. '리'(履)는 '밟는다'는 뜻으로 '사람이 실천하는 것'이라는 뜻이죠.

하늘과 천도를 상징하는 건괘(乾, ☰)가 위에 있고 못과 기쁨을 상징하는 태괘(兌, ☱)가 아래에 있는데 하늘이 위에 있고 물이 고인 연못이 아래에 있어 신분의 높고 낮음에 따라 위아래에 각각 합당한 직분이 있는 상입니다. 천도(天道)에 기쁘게 호응하는 때이기도 하지요.

군자는 천택 리괘를 보고서 위아래를 분별하고, 백성의 뜻을 안정시킵니다. 위아래를 분별한다는 것은 공·경·대부는 물론이고 농·공·상·고(農·工·商·賈) 각자에게 자기가 해야 할 역할과 누릴 수 있는 것의 한계를 분명하게 제시한다는 것입니다. 이런 구분이 명백해져야 백성들이 분수에 넘치는 짓을 하지 않게 되고 마음이 안정될 수 있는데 민심이 안정되지 못하면 천하를 제대로 다스릴 수 없기 때문입니다.

괘사와 효사

괘사 리괘履卦는 호랑이 꼬리를 밟아도 사람을 물지 않으니, 형통하다.

초구효, 본래대로 행하여 나아가면 허물이 없다.

구이효, 행하는 도리가 탄탄하니 마음이 차분한 사람이라야 올바르고 길하다.

육삼효, 애꾸눈이 보려 하고, 절름발이가 걸으려 하는 것이다. 호랑이 꼬리를 밟아서 사람을 무니 흉하고, 무력을 쓰는 포악한 사람이 대군왕이 되려고 한다.

구사효, 호랑이 꼬리를 밟으니 두려워하고 조심하면 결국에는 길하리라.

구오효, 강하게 결단하여 행함이니 바르더라도 위태롭다.

상구효, 행하여 지나온 것을 보아서 선악과 화복을 상세히 살피되 두루 잘못이 없으면 크게 좋고 길하리라.

11

소통과 편안함, 지천 태
地天 泰

천택 리괘가 예를 실천하는 것이라면 지천 태괘는 태평해지고 편안해지는 때입니다. 사회규범이 만들어지고 각자의 분수가 정해져서 예를 실천하게 되면 모두가 제자리를 얻게 되고 편안하게 살아갈 수 있습니다. 태(泰)는 소통이 되는 상태이기에 커지고, 여유롭고, 태평한 상황을 의미하지요.

유순한 곤괘(坤, ☷)가 위에 있고 굳센 건괘(乾, ☰)가 아래에 있어 천지음양의 기운이 서로 사귀어 조화를 이루는 상황이고, 그 결과 만물이 무성하게 생겨나고 소통하면서 태평한 때입니다.

이때 군주[后]는 지천 태괘를 본받아 천지의 운행에 맞추어 법과 제도를 제정하고 백성들을 이끌어야 합니다. 천지의 운행이 사계절로 드러나고 만물이 그 리듬에 맞추어 생장수장을 거듭하는데, 봄이 되면 파종할 수 있게 하고 가을에는 수확할 수 있도록 백성들을 가르치고 도울 때 천지의 화육(化育)에 함께 참여할 수 있는 거지요.

괘사   태괘泰卦는 작은 것陰, 소인이 가고 큰 것陽, 군자이 오니, 길하고 형통하다.

초구효, 띠풀을 뿌리째 뽑음이라. 그 동류와 무리지어 나아가면 길하다.

구이효, 거친 것을 포용하고 걸어서 황하를 건너는 과감함을 쓰며, 멀리 있는 사람인재을 버리지 않고 사사로운 자신의 무리朋黨를 버리면, 중도를 행하는 것에 맞게 된다.

구삼효, 평평하기만 하고 기울지 않는 것은 없으며 가기만 하고 돌아오지 않는 것은 없다. 어렵게 여기고 올바름을 지키면 허물이 없고 근심하지 않아도 진실한 믿음이 있으면 벼슬함에 복이 있으리라.

육사효, 새가 가볍게 날듯이 아래로 내려가 부유하지 않은데도 그 이웃과 함께하니 경계하지 않고 진실하게 믿는다.

육오효, 제을帝乙이 누이동생을 시집보냄이니 복을 얻고 크게 좋고 길하리라.

상육효, 성이 무너져 해자垓字로 돌아간다. 군사를 쓰지 말아야 하는데 자신이 다스리는 고을에서 명을 내리니, 올바르더라도 부끄럽다.

12

불통과 단절, 천지 비
天地否

지천 태괘에서 음양이 사귀고 소통한다면 천지 비괘는 천지가 교류하지 않고 소통되지 않는 때입니다. 세상 만물은 계속 통할 수만은 없기 때문에 막힘을 의미하는 비괘가 이어지는 것이지요.

건괘(乾, ☰)가 위에 있고 곤괘(坤, ☷)가 아래에 있어서 하늘이 위에 있고 땅이 아래에 있으니 언뜻 보면 각자 제자리를 찾은 것처럼 볼 수도 있습니다. 하지만 위에 있는 하늘은 양(陽)이라 올라가려고 하고 아래 있는 땅은 음(陰)이라 가라앉으려 하니 서로 교류하지 않아 천지가 막히고 끊어진 상황이 되는 겁니다.

천지의 도가 행해지지 않고 소인들이 득세하는 이때, 군자는 이 상황을 보고서 자신의 덕을 드러내지 않고 숨어서 곤궁하게 살아 소인들에게 해를 당하지 말아야 하고, 봉록을 받으며 영화를 누리지 않아야 합니다. 자신을 온전히 지키면서 이 시기를 잘 견뎌 내야 하는 거지요.

괘사 비괘否卦는 인간의 길이 아니다. 군자가 올바름을 지킴에 이롭지 않으니, 큰 것陽, 군자이 가고 작은 것陰, 소인이 온다.

초육효, 띠풀을 뿌리째 뽑음이라. 그 동류와 무리지어 바르게 지키면 길하고 형통하다.

육이효, 마음에 품고 있는 것이 윗사람의 뜻을 받드는 일이다. 소인의 경우에는 길하고 대인의 경우에는 막힌 것이니 형통하다.

육삼효, 마음에 품고 있는 것이 부끄럽다.

구사효, 군주의 명이 있어 행하면 허물이 없으니 동류가 복을 누린다.

구오효, 막힌 것을 그치게 하니, 대인의 길함이다. 나라가 망할까, 망할까 염려하여 무더기로 난 뽕나무에 묶어 매는 것이다.

상구효, 막힌 것이 기울어짐이니 우선은 막히고 나중에는 기쁘리라.

13

다른 사람과 함께함, 천화 동인
天火 同人

천지 비괘가 하늘과 땅이 서로 교류하지 않아서 막혀 있는 상황이라면 천화 동인괘는 위와 아래가 서로 함께하는 때입니다. 막힘이 극에 달하면 사람들이 서로 함께하려 움직이게 되고, 소인의 시대가 계속되면 사람들이 함께 힘을 모아 그 상황을 바꿔 나가려고 하기에 비괘 다음에 동인괘가 이어진 것입니다.

건괘(乾, ☰)가 위에 있고 리괘(離, ☲)가 아래에 있는데, 아래에서 불이 타 올라서 위에 있는 하늘과 함께하기 때문에 동인(同人, 다른 사람과 함께함)이라고 하는 겁니다. 게다가 구오효가 건괘를 주도하고 육이효가 리괘를 주도하는데 두 효가 바른 자리에 있으면서 서로 상응하면서 함께하니, 남들과 함께하는 뜻이 되는 거지요.

군자는 하늘과 불이 함께하는 이때, 천화 동인의 상을 보고서 만물이 서로 다르고 같은 지점을 분별합니다. 다른 사람들과 함께할 때 공통점과 차이점을 파악한 상태에서 서로의 차이를 인정하면서 함께하기를 이루어 내는 거지요.

괘사와 효사

괘사   동인괘同人卦는 사람들과 함께하기를 넓은 들판에서 하면 형
통하니, 큰 강을 건너는 것이 이롭고, 군자가 올바르게 행하
는 것이 이롭다.

초구효, 문을 나가서 사람들과 함께하니, 허물이 없다.

육이효, 자기 집안에서만 사람들과 함께하니, 부끄럽다.

구삼효, 병사를 수풀에 감추어 두고 높은 언덕에 올라가서 엿보지만
3년 동안 일으키지 못한다.

구사효, 담장에 올라가지만 구오를 공격하지 못하니 길하다.

구오효, 사람들과 함께하는데 먼저 울부짖다가 나중에 웃으니, 크게
군대를 써서 이겨야 육이와 서로 만나게 된다.

상구효, 교외에서 사람들과 함께하니 후회할 일이 없다.

14

크게 소유함, 화천 대유
火天 大有

천화 동인괘가 다른 사람과 함께하는 상황이라면 화천 대유괘는 사람들이 모이는 곳에 많은 물자와 재화가 모이게 되는 때입니다.

불을 상징하는 리괘(離, ☲)가 하늘을 상징하는 건괘(乾, ☰) 위에 있는 대유괘는 불이 하늘 높이 있어서 그 밝음이 멀리까지 미치고 만물(萬物)을 비추어 온전히 드러내는 상황, 만물이 번성하는 때에 해당합니다. 하나의 유순한 음효(陰, 육오)가 군주의 자리에 있으면서 여러 양(陽)들과 함께 호응하고 있어서 많은 물자와 재화를 소유하는 것이고 성대하고 풍요롭게 가지고 있는 상황입니다.

군자는 대유괘의 상을 보고서 수많은 것들 가운데 악을 막아 저지하고 선을 드러내 밝힘으로써 하늘의 명을 몸소 실천해야 합니다. 선과 악의 실상이 훤히 드러나는 때가 되니 여기에 발맞춰 자신의 내면에 돌이켜 덕을 닦고, 외부로 시선을 돌려 훌륭한 인재를 등용해서 함께 일해 나가야 하는 거지요.

괘사　대유괘大有卦는 크게 좋고 형통하다.

초구효, 해를 끼치는 것과 무관하니 허물이 아니다. 이 상황을 어렵게 여기고 조심하면 허물이 없다.

구이효, 큰 수레로 짐을 싣는 것이니, 나아가는 바가 있어서 허물이 없다.

구삼효, 공公, 제후이 자신의 재물을 써서 천자를 형통하게 하는 것이니, 소인은 할 수 없다.

구사효, 지나친 성대함에 처하지 않으면 허물이 없다.

육오효, 진실한 믿음을 가지고 사람들과 더불어 사귀는 것이니, 위엄이 있으면 길하다.

상구효, 하늘로부터 도와줌이니, 길하고 이롭지 않음이 없다.

15

자신을 낮춤, 지산 겸
地山 謙

☷☶

화천 대유괘가 크게 소유하는 상황이라면 지산 겸괘는 덜어 내는 것이고 겸손하게 처신하는 때입니다. 이미 크게 소유한 상태에서 더 채우려 해서는 안 되고 오히려 덜어 내야 하고 겸손해야 하기에 대유괘 다음에 지산 겸괘가 이어지고 있지요.

땅을 상징하는 곤괘(坤, ☷)가 위에 있고 산을 상징하는 간괘(艮, ☶)가 아래에 있으니, 땅 속에 산이 있는 상입니다. 원래 산이라는 것은 땅 위로 높이 솟아오르기 마련인데 높고 큰 산이 가장 낮은 땅 아래에 자신을 낮추고 있으니 겸손함의 상입니다. 큰 덕을 갖춘 사람이 겸손하게 자신을 최대한 낮추고 있는 상황이지요.

지산 겸의 시대에 군자는 겸손하게 자신이 맡은 일을 끝까지 잘해 나가야 합니다. 군자는 정치를 하는 사람이고 사회를 책임지고 이끌어 가는 리더입니다. 사회 구성원 모두가 겸손함을 실천하는 때, 군자는 많은 곳에서 취하여 부족한 곳에 더해 주고, 모든 조건을 세심하게 파악해서 고르게 베풀어지도록 노력해야 하는 거죠.

괘사와 효사

괘사　겸괘謙卦는 형통하니, 군자는 끝마침이 있다.

초육효, 겸손하고 겸손한 군자이니 이것을 써서 큰 강을 건너더라도 길하다.

육이효, 겸손함이 울려 드러나니, 올바르고 길하다.

구삼효, 공로가 있으면서 겸손함이니, 군자는 끝마침이 있어 길하다.

육사효, 겸손함을 발휘하는데 이롭지 않음이 없다.

육오효, 부유하지 않아도 이웃을 얻으니 무력으로 치는 것이 이로우며 이롭지 않음이 없다.

상육효, 겸손함이 울려 드러남이니 군대를 움직여 자신이 다스리는 곳을 단속함이 이롭다.

16

화락함과 기쁨, 뇌지 예
雷地豫

☲☷

지산 겸괘가 큰 덕을 가지고 겸손함을 발휘하는 상황이라면 뇌지 예괘는 기쁘고 즐거운 때입니다. 이미 크게 소유했는데도 겸손할 수 있으면 반드시 기뻐하게 된다는 겁니다. '예'(豫)는 '편안하게 화합하고 즐거워하며 기뻐한다'는 의미입니다.

움직임을 의미하는 진괘(震, ☳)가 위에 있고 이치를 따르는 곤괘(坤, ☷)가 아래에 있으니, 순응하여 움직이는 상이 됩니다. 위에서 하나 있는 양효인 구사효가 움직이는데 모두가 화합하여 순하게 따르니, 이 때문에 기쁨과 화락함이 만들어집니다. 또 그 상징으로 보자면 우레가 땅을 뚫고 위로 올라와 천지가 함께 진동하는 상황을 의미하기도 하지요.

뇌지 예의 때에 선왕(이전 시대의 위대한 군주)은 그것을 본받아 음악을 짓고 하늘에 성대하게 제사를 올리면서 조상의 신주를 함께 모셨습니다. 옛날에는 봄에 우레가 땅을 뚫고 솟아나면 그 진동을 기준으로 기준음[黃鍾]을 정하고 음악을 정비했습니다. 이때, 음악은 하늘과 땅, 인간의 기운을 화락하게 하는 수

단이었고 제사나 조회를 할 때 사람들의 마음을 하나로 모으는 역할을 했던 거지요. 음악을 연주하며 제사를 올리는 과정에서 임금과 백성들이 화락함을 함께할 수 있고 신과 인간이 감응할 수 있는 때라고 할 수 있습니다.

괘사와 효사

괘사　예괘豫卦는 제후를 세우고 군대를 움직이는 것이 이롭다.

초육효, 기쁨을 드러내어 울림이니, 흉하다.

육이효, 절개가 돌과 같이 굳세어 하루 종일 기쁨에 취해 있지 않고 떠나가니 올바르고 길하다.

육삼효, 위에 있는 구사효를 올려다보며 기뻐하니 후회가 있고, 머뭇거리며 지체하여도 후회하리라.

구사효, 기쁨이 구사효로 인해 말미암는 것이니 크게 얻음이 있다. 의심하지 않으면 도와줄 벗들이 모여들 것이다.

육오효, 바른 자리에 있으나 질병이 있어서 항상 앓고 있으면서도 죽지 않는다.

상육효, 기쁨에 빠져 어두워짐이 이루어졌으나 바꿀 수 있으면 허물이 없다.

17

기꺼이 뒤따름, 택뢰 수
澤雷隨

뇌지 예괘가 화락하고 기쁜 상황이라면 택뢰 수괘는 민심이 따르는 때입니다. 기뻐하는 것은 누구나 추구하고 따르기 때문에 이렇게 이어진 것이지요.

태괘(兌, ☱)가 위에 있고 진괘(震, ☳)가 아래에 있는데, 태괘는 기쁨을 의미하고 진괘는 움직임을 의미하니, 기뻐서 움직이고 움직여서 기뻐하는 것이 모두 수괘(隨, 기꺼이 뒤따름)의 뜻이 됩니다. 또 진괘는 우레를 상징하고 태괘는 못을 상징하므로 우레가 못 속에서 진동할 때 못이 따라서 움직이는 상이기도 합니다.

못 안에 우레가 있는 택뢰 수괘의 상을 보고 군자는 날이 어두워지면 집안으로 들어가 편안하게 쉬어야 합니다. 강한 진동에너지를 가진 우레도 연못 속에 들어가게 되는 때가 있듯이 바깥에서 왕성하게 활동하던 군자 역시 편안하게 쉬면서 재충전하는 시간이 필요하기 때문입니다.

괘사 수괘隨卦는 크게 형통하니 바르게 함이 이롭고 허물이 없다.

초구효, 주관하여 지키던 것에 변화가 있으니 바르게 하면 길하고 문 밖으로 나가 사귀면 공이 있다.

육이효, 소인배초구에게 얽매이면 장부구오를 잃는다.

육삼효, 장부구사를 따르고 소인배초구를 버리므로 민심이 따르고 구하는 것이 있어 얻으니 바르게 자신을 지키는 것이 이롭다.

구사효, 민심이 따르는데 차지하려고 하면 올바르더라도 흉하다. 진실한 믿음이 있고 도리를 지키면서 명철하게 처신하면, 무슨 허물이 있겠는가!

구오효, 아름다움을 깊이 믿으니 길하다.

상육효, 붙잡아 묶어 놓고 또 이어서 민심이 따르는 것을 동여매니, 왕이 서산에서 형통할 수 있었다.

18

문제를 해결함, 산풍 고
山風蠱

택뢰 수괘가 기쁘게 남을 따르는 상황이라면 산풍 고괘는 해야 할 일이 있는 때입니다. 고(蠱)는 벌레 충(蟲)과 그릇 명(皿)으로 이루어져 있습니다. 그릇에 벌레가 있는 것은 벌레 먹어서 허물어진다는 뜻이니 문제가 생겨서 처리해야 할 일이 있는 상황입니다.

산을 상징하는 간괘(艮, ☶) 아래에 바람을 상징하는 손괘(巽, ☴)가 있어서 바람이 산을 만나 돌면서 산의 나무가 꺾이고 벌레 먹어 무너지는 상이 되니 이에 어지러워진 것을 해결해야 하는 상황입니다.

산풍 고의 시대에 군자는 백성들을 구제하여 민생을 안정시키고 자신의 덕을 기르는 데 힘써야 합니다. 모든 것이 흩어지고 어지러워져서 일이 생기는 때이니 백성들의 어려움을 먼저 구제해야 하고 그런 일을 제대로 해나가기 위해서 자신의 덕을 길러야 하는 거지요.

괘사   고괘蠱卦는 크게 좋고 형통하니 큰 강을 건너는 것이 이롭다. 일을 시작하기甲에 앞서 3일을 생각하고, 일을 한 후에 3일을 신중해야 한다.

초육효, 아버지가 벌인 일을 주관한다. 자식이 있어 아버지가 허물이 없게 되니, 위태롭게 여겨야 끝내 길하다.

구이효, 어머니가 벌인 일을 주관하니 지나치게 굳세게 밀어붙이면 안 된다.

구삼효, 아버지가 벌인 일을 주관하니 약간 후회가 있지만 큰 허물은 없다.

육사효, 아버지가 벌인 일을 느긋하게 처리하는 것이니 더 나아간다면 부끄러운 일을 당한다.

육오효, 아버지가 벌인 일을 주관하니 명예를 얻는다.

상구효, 왕과 제후를 섬기지 않고 자신이 해야 할 바를 높인다.

19

가까이 다가감, 지택 림
地澤臨

산풍 고괘가 일이 있어 문제를 해결하는 상황이라면 지택 림괘는 큰 존재가 되어 가까이 다가가는 때입니다. 어지럽고 벌레 먹은 일을 해결한 뒤에 크게 되어 임할 수 있기에 산풍 고괘 다음에 지택 림괘가 이어집니다.

연못을 상징하는 태괘(兌, ☱) 위에 땅을 상징하는 곤괘(坤, ☷)가 있어서 기슭에 해당하니 물과 서로 맞닿아 물에 가까이 임하여 있는 상입니다. 림(臨)은 백성들에게 다가가는 것이고 일에 임하는 것입니다. 게다가 태괘는 기쁨을 의미하고 곤괘는 이치에 따른다는 뜻이므로 백성들 가까이 다가가는데 백성들이 기뻐하며 따르는 상황이 됩니다.

지택 림괘의 때에 군자는 백성들을 가르치는 데 최선을 다하며 다양한 양상을 포용하면서 민생안정을 위해 모든 역량을 다해야 합니다. 연못이 땅을 적셔서 윤택하게 해주는 것처럼 백성들 가까이 다가가서 그들을 성장시키고 돌보기 위해 쉼 없이 노력해야 하는 거지요.

괘사   림괘臨卦는 크게 형통하고 바르게 하면 이롭다. 여덟 달이 지나면 흉함이 있다.

초구효, 육사와 감응하여 가까이 다가감이니, 바르게 하면 길하다.

구이효, 육오와 감응하여 가까이 다가감이니, 길하여 이롭지 않음이 없다.

육삼효, 기쁜 낯으로만 아랫사람에게 다가가니 이로운 것이 없으나, 이미 그것을 근심하고 있으므로 허물이 없다.

육사효, 초구에 다가감이 지극하니 허물이 없다.

육오효, 다가감이 지혜로운 것이니 위대한 군주가 마땅히 해야 할 일이라서 길하다.

상육효, 다가감이 돈독하니 길하고 허물이 없다.

20

보는 것과 보이는 것, 풍지 관
風地觀

지택 림괘가 백성들 가까이 임하는 큰 존재가 되는 상황이라면 풍지 관괘는 커져서 볼 만할 때입니다. 관(觀)은 대상을 보는 것이 되기도 하고 아래에 보여 주는 것이 되기도 합니다. 군주가 위로 천도를 보고 아래로 백성의 풍속을 살펴볼 때는 보는 것이 되고, 덕을 닦고 정치를 행하여 백성들이 우러러보게 되면 보여 줌이 되는 거지요.

바람을 상징하는 손괘(巽, ☴)가 땅을 상징하는 곤괘(坤, ☷) 위에 불어오는 것이니 만물을 두루 살펴보는 상이 되고, 두 양효가 위에 있고 네 음효가 아래에 있어 굳센 양을 여러 아랫사람들이 우러러보는 상황입니다.

풍지 관의 때에 선왕(이전 시대의 위대한 군주)은 땅 위로 불어오는 바람처럼 사방 곳곳을 시찰하면서 백성들의 삶을 보살피고 가르침을 베풀었습니다. 지도자가 부드러운 바람처럼 자신을 낮추고 사람들 사이로 스며들어 그들의 마음을 감동시키고 예와 법도를 몸소 실천함으로써 본보기가 되어야 할 때인 거죠.

괘사   관괘觀卦는 손을 씻고서 아직 제사음식을 올리지 않았을 때 처럼 하면, 백성들이 진실한 믿음을 가지고 우러러본다.

초육효, 어린아이가 보는 것이니 소인이라면 허물이 없지만 군자는 부끄러우리라.

육이효, 문틈으로 엿보는 것이라 여자의 올바름이 이롭다.

육삼효, 내가 하는 행동을 보고 나아가거나 물러난다.

육사효, 나라의 빛남구오의 빛나는 덕을 보는 것이니 왕에게 제대로 대접받는 신하가 되는 것이 이롭다.

구오효, 내가 하는 정치를 보아서 백성들이 군자답다면 허물이 없다.

상구효, 자신이 하는 덕행을 보았을 때 군자다우면 허물이 없다.

21

깨물어 합함, 화뢰 서합
火雷噬嗑

☲
☳

풍지 관괘가 보는 것이고 보여 줄 만한 것이 있는 상황이면 화뢰 서합괘는 천하에 합치되지 않는 것이 있음을 보고서 그것을 깨물어 합치되게 하는 때입니다. '서'(噬)는 '씹는 것'이고 '합'(嗑)은 '합치는 것'이니, 입속에 이물질이 끼어 있을 때 이것을 씹어서 제거하고 합치되게 하는 상황에 해당합니다.

화뢰 서합괘는 맨 위와 아래에 두 개의 양효가 있어 굳세고 그 사이에는 음효가 있어 비어 있는 상이어서 사람의 턱과 입에 해당합니다. 하지만 가운데 구사효가 있어 위아래를 가로막아 합을 방해하고 있어서 씹어서 합치되게 하는 것이기 때문에 '서합'(噬嗑)이라고 한 것입니다. 또한 밝은 빛과 번개를 의미하는 리괘(離, ☲)가 위에 있고 위엄을 떨치는 우레를 의미하는 진괘(震, ☳)가 아래에 있어 밝은 판단력을 발휘하고 위엄을 보인다는 뜻이 됩니다.

화뢰 서합의 때에 선왕(이전 시대의 위대한 군주)은 죄를 밝히고 법 집행을 엄정하게 했습니다. 입과 턱 사이에 이물질이 있는 것은 천하가 화합하지 못하게 가로막는 자들이 있는 형국에 해당하므로 법을 제정하고 형벌을 써서 그들을 제압하고 사회를 통합해야 하는 시기입니다.

괘사와 효사

괘사 서합괘噬嗑卦는 형통하니, 옥사獄事, 중대한 범죄를 다스림를 쓰는 것이 이롭다.

초구효, 차꼬를 채워 발을 상하게 하니, 허물이 없다.

육이효, 살점을 깨물어 죄인의 코가 푹 들어가 없어질 정도이니, 허물이 없다.

육삼효, 말린 고기를 씹다가 썩은 부분을 만났으니, 조금 부끄럽지만 허물은 없다.

구사효, 말린 갈비를 깨물어 쇠화살金矢, 단호함과 강직함을 얻었으나, 어렵다고 생각하고 올바름을 굳게 지키면 이로우니 길하다.

육오효, 말린 고기를 깨물어 황금黃金, 중도와 단호함을 얻으니, 올바름을 굳게 지키고 위태롭게 여기면 허물이 없다.

상구효, 차꼬를 목에 차서 귀가 없어졌으니, 흉하다.

22

꾸미고 장식함, 산화 비
山火賁

화뢰 서합괘가 강한 힘을 써서 합하게 하는 상황이라면 산화 비괘는 아름답게 꾸미는 때입니다. 만물이 통합되고 나면 순서와 항렬이 정해지고 질서정연하게 되어 예의가 지켜지게 되니 그것이 아름답게 꾸미는 것에 해당합니다.

산을 상징하는 간괘(艮, ☶) 아래에 불을 상징하는 리괘(離, ☲)가 있어서 산에 있는 초목과 온갖 것들이 불빛을 받아 아름답게 비추어지고 있는 상황입니다. 또 간괘는 머무르고 유지한다는 의미이고, 리괘는 문명을 의미하기에 문명을 지켜나가는 상이 되고 인간의 길에 해당합니다.

산화 비의 시대에 군자는 국정 전반을 잘 처리하되 재판에서 옳고 그름을 판단할 때 자신의 현명함을 믿고 경솔하게 판단해서는 안 됩니다. 아름답게 꾸며지는 때라서 실상을 놓칠 수 있다고 보기 때문에 신중하게 판단해야 한다고 경계하고 있는 거지요.

괘사   비괘賁卦는 형통하니, 나아갈 바를 두는 것이 약간 이롭다.

초구효, 발을 꾸밈이니, 수레를 버리고 걷는다.

육이효, 수염을 꾸민다.

구삼효, 꾸미는 것이 윤택하니, 오래도록 유지하고 올바르게 하면 길하다.

육사효, 꾸밈이 없어 흰 것이며 백마를 타고 나는 듯이 달려가니 도적구삼이 아니면 혼인할 짝초구이다.

육오효, 언덕 위의 사냥터상구에게 꾸밈을 받음이니, 묶은 비단을 재단하여 늘어놓은 듯이 하면 부끄럽지만 결국에는 길하다.

상구효, 꾸미는 것을 소박하게 해야 허물이 없다.

23
양(陽)의 깎임, 산지 박
山地剝

䷖

산화 비괘가 아름답게 꾸미는 상황이라면 산지 박괘는 꾸밈을 벗겨 내는 때입니다. 만물이 꾸밈에 이르면 형통함이 극에 달하게 되고 그러면 반드시 되돌아가기 때문에 벗겨 내고 깎여 나가는 박(剝)의 시기가 이어지는 것입니다.

산지 박괘는 음효가 다섯이고 양효가 하나인데 아래에서 처음 음이 하나 생겨난 후로 점점 성대하게 자라나서 여러 음들이 양을 사라지게 하는 때가 된 것입니다. 그래서 산을 상징하는 간괘(艮, ☶)가 땅을 상징하는 곤괘(坤, ☷)에 붙어 있는 상이라고 보는 겁니다. 땅 위로 높이 솟아 있어야 하는 산이 무너지고 깎여 나가서 땅에 붙어 있는 상황이라고 보는 거지요.

산지 박의 시대는 음이 득세하고 양은 깎여 나가기 때문에 이치에 따라 멈출 줄 알아야 합니다. 윗사람(사회지도층)은 이럴 때일수록 무리하게 일을 추진하지 않고 나라의 근본에 해당하는 백성들의 삶을 안정시켜야만 하는 겁니다.

괘사 박괘剝卦는 가는 바를 두는 것이 이롭지 않다.

초육효, 깎기를 침상 다리에서부터 하니, 올바름을 없애서 흉하다.

육이효, 침상을 깎아 상판에 이르니, 올바름을 없애서 흉하다.

육삼효, 박剝의 시대에 허물이 없다.

육사효, 침상을 깎아 피부에까지 미치니 흉하다.

육오효, 물고기여러 음(陰)를 꿰어서 상구에게 궁인으로 총애 받듯이 하면 이롭지 않음이 없다.

상구효, 큰 과실은 먹히지 않음이니, 군자는 수레를 얻고 소인은 초가지붕을 벗겨 낸다.

24

일양(一陽)이 돌아옴, 지뢰 복
地雷復

☷☳

산지 박괘가 음이 양을 깎아내는 상황이라면 지뢰 복괘는 깎여 나갔던 양이 아래로 되돌아오는 때입니다. 음이 극에 달하면 양이 되돌아오는 법이기에 산지 박괘 다음에 지뢰 복괘가 이어지는 거죠.

음력 시월(=亥月, ☷)에는 천지가 음기로 가득 차 있지만 음력 십일월(=子月, ☷) 동지가 되면 하나의 양이 아래에서 생겨납니다. 양은 군자의 도이고 음은 소인의 도에 해당합니다. 양의 소멸이 끝나 다시 돌아오고, 군자의 도가 소멸된 후 다시 자라기 때문에 선(善)으로 회복된다는 의미가 있지요. 땅을 상징하는 곤괘(坤, ☷) 속에 우레를 상징하는 진괘(震, ☳)가 들어 있어서 강력한 움직임을 만들어 낼 양의 기운이 보이지 않는 곳에서 지금 막 생겨난 상황이 됩니다.

지뢰 복의 때에 선왕(이전 시대의 위대한 군주)은 동짓날 관문을 폐쇄하여 상인과 여행자들이 다니지 못하게 했으며, 후대의 왕들은 사방을 시찰하지 않았습니다. 양의 기운이 지금 막 돌아와서 아직 미약하므로 최대한 움직이지 말고 그 기운을 안정시키고 잘 길러 내야 할 시기이기 때문입니다.

괘사와 효사

괘사 복괘復卦는 형통하다. 나가고 들어오는 데에 문제가 없으며 벗들이 와야 허물이 없다. 그 도가 돌아와 7일 만에 와서 회복하니, 나아갈 바를 두는 것이 이롭다.

초구효, 멀리 가지 않고 돌아오는 것이니, 후회에 이르지 않아서 크게 좋고 길하다.

육이효, 아름답게 돌아옴이니, 길하다.

육삼효, 자주 돌아옴이니, 위태로우나 허물이 없으리라.

육사효, 중도를 행하여서 홀로 돌아온다.

육오효, 돈독하게 돌아옴이니 후회가 없다.

상육효, 돌아가는데 길을 잃음이라 흉하고 하늘이 내린 재앙과 스스로 불러들인 화가 있다. 군사를 동원하는 데 쓰면 결국에는 크게 패하고 나라를 다스리는 데 쓰면 군주가 흉하게 되어 10년이 되도록 나아갈 수가 없다.

25

진실하여 망령되지 않음, 천뢰 무망
天雷无妄

지뢰 복괘에서 양이 돌아왔다면 천뢰 무망괘는 진실하여 망령되지 않은 때입니다. 양이 돌아오는 것은 도(道)가 회복되는 것이고 바른 이치로 돌아오는 것이어서 '무망'(无妄)이 됩니다.

하늘과 천도를 상징하는 건괘(乾, ☰)가 위에 있고 우레와 움직임을 상징하는 진괘(震, ☳)가 아래에 있어서 천도에 맞게 움직이는 상이 됩니다. 또한 우레는 음과 양이 부딪쳐 소리와 진동이 발생하는 것이어서 봄이 와서 우레가 하늘에서 울리면 만물이 싹을 틔우기 시작하지요.

천뢰 무망의 때에 선왕은 하늘의 때에 잘 맞추어서 만물을 길러 냈습니다. 천지가 만물을 낳고 기를 때 훌륭한 지도자라면 봄에는 경작하는 것을 살펴 부족한 사람들을 도와주고, 가을에는 추수하는 것을 살펴 부족한 곳을 채워 줌으로써 천지의 작용에 참여해야 합니다. 그래야 천도에 맞게 움직이는 것이 되는 겁니다.

괘사   무망괘无妄卦는 크게 형통하고 바르게 함이 이로우니, 그 올바름이 아니면 화를 자초하고, 가는 바를 두면 이롭지 않다.

초구효, 망령되지 않음이니, 그대로 나아가면 길하다.

육이효, 밭을 갈지 않고서 수확하며 1년 된 밭을 만들지 않고서 3년 된 밭이 되니, 나아갈 바를 두는 것이 이롭다.

육삼효, 망령되지 않음의 재앙이다. 혹 소를 매어 놓았더라도 길 가던 이가 얻으니 마을 사람들에게는 재앙이 된다.

구사효, 올바름을 지킬 수 있으니, 허물이 없다.

구오효, 망령되지 않은데 아픔이 생긴 것이니 약을 쓰지 않더라도 기쁜 일이 있다.

상구효, 망령되지 않음에서 움직여 나아가면 화를 자초하고 이로울 바가 없다.

26

양(陽)이 저지하여 크게 축적함, 산천 대축
山天大畜

천뢰 무망괘가 망령됨 없이 천도에 맞게 움직이는 상황이라면 산천 대축괘는 망령됨 없이 움직여서 얻은 실질적인 결과를 축적하고 모을 수 있는 때입니다.

산과 머무름을 상징하는 간괘(艮, ☶)가 위에 있고 하늘과 천도를 상징하는 건괘(乾, ☰)가 아래에 있어서 산 가운데에 하늘이 있으니, 하늘의 덕을 크게 쌓아서 유지하는 상이 됩니다. '축'(畜)은 '쌓아 저지함'(畜止)이 되기도 하고, 또한 '쌓아서 모음'(畜聚)이 되기도 합니다. 위에 있는 간괘가 아래 있는 건괘가 올라오는 것을 저지하는 것으로 보면 대축은 '크게 쌓아 저지함'이 되고, 하늘이 산 속에 있는 상으로 보면 '큰 덕을 내면에 축적함'이 됩니다.

산천 대축의 때에 군자는 자신의 덕을 쌓아 큰 사람이 되어야 합니다. 그러기 위해 학문에 매진하여 성현들의 말과 행동을 많이 살펴보고 그들의 마음을 파악해서 체득해야 할 때입니다.

괘사 대축괘大畜卦는 바르게 하는 것이 이로우니 집에서 밥을 먹지 않으면 길하고 큰 강을 건너는 것이 이롭다.

초구효, 위태로움이 있으니 멈추는 것이 이롭다.

구이효, 수레에서 바퀴통이 빠졌다.

구삼효, 좋은 말이 달려가는 것이니 어렵게 여기고 올바름을 굳게 지키는 것이 이롭다. 날마다 수레 모는 것과 자기를 지키는 것을 연습하면 가는 바를 두는 것이 이롭다.

육사효, 어린 송아지초구에게 뿔막이 나무를 대 놓은 것이니, 크게 좋고 길하다.

육오효, 거세한 멧돼지가 어금니를 쓰지 못함이니, 길하다.

상구효, 하늘의 큰 길이니 형통하다.

27

만물을 길러냄, 산뢰 이
山雷頤

산천 대축괘가 크게 쌓고 모으는 상황이라면 산뢰 이괘는 모아 놓은 것으로 만물을 길러 내는 때입니다. '이'(頤)는 '턱'인데 턱을 움직여야 먹고 마실 수 있고 몸을 길러 낼 수 있어서 '이'(頤)라고 이름한 것입니다.

멈춤을 의미하는 간괘(艮, ☶)가 위에 있고 움직임을 의미하는 진괘(震, ☳)가 아래 있어 위는 멈추고 아래는 움직이는 상이고, 위와 아래에 양효가 있고 그 사이에 네 음효가 있어서 위아래는 강한 힘을 쓰는데 그 안이 비어 사람의 턱에 해당합니다. 길러 냄은 천지가 만물을 양육하고 성인이 현자를 키워 천하의 백성들을 길러 내는 것이기도 하고 사람이 제 몸과 덕을 기르고 다른 사람을 길러 주는 것이기도 합니다.

산뢰 이괘의 시대에 군자는 말을 신중하게 하고 음식을 알맞게 조절해야 합니다. 이것은 턱을 움직여서 말을 하고 음식을 먹으니 그 두 가지를 신중하게 하라는 것이기도 하지만 또 다른 뜻이 숨어 있습니다. '말과 음식'의 범위를 넓혀 보면 군자의 말로 인해 만들어지는 모든 법과 명령이 되고, 천하 사람들이 살아가는 데 필요한 모든 재화와 재물이 됩니다. 그러므로 사적으로는 말과 음식, 공적으로는 법령과 경제 정책을 통해 길러 냄의 도를 실천함에 있어 신중하게 처신하고 잘 조율해야 한다는 뜻이 됩니다.

괘사와 효사

괘사 　이괘頤卦는 바르게 행하면 길하니 사람이 길러냄과 스스로 먹을 것을 구하는 방법을 살펴보아야 한다.

초구효, 너초구 자신의 신령스런 거북이대단한 잠재력를 버리고 나육사를 보고 턱을 늘어뜨리니 흉하다.

육이효, 거꾸로 초구효가 길러 주기를 기다리니 이치에 어긋난다. 언덕상구에게 길러 달라고 하면서 나아가면 흉하다.

육삼효, 길러 주는 바른 도리에 어긋나 흉하니 10년 동안 쓰지 마라. 이로울 바가 없다.

육사효, 거꾸로 초구효가 길러 주기를 구하지만 길하니 호랑이가 상대를 노려보듯이 하고 하고자 하는 것을 계속 이어 나가면 허물이 없다.

육오효, 상구의 덕을 보려 하니 이치에 어긋나지만 올바름을 굳게 지키면 길하다. 하지만 큰 강을 건널 수는 없다.

상구효, 자신으로 말미암아 길러지니 위태롭게 여기면 길하다. 큰 강을 건너는 것이 이롭다.

28

양(陽)이 지나침·큰일이 과도함, 택풍 대과
澤風 大過

산뢰 이괘가 만물을 길러 내는 상황이라면 택풍 대과괘는 만물이 자라서 움직이는데 그것이 지나치게 되는 때입니다.

연못을 상징하는 태괘(兌, ☱)가 위에 있고 나무를 상징하는 손괘(巽, ☴)가 아래에 있습니다. 연못은 본래 나무를 잘 자라게 해주어야 하는데 나무 위에 있어서 나무를 잠기게 하고 있으니 지나친 것이 됩니다. '대과'(大過)라는 건 '양이 지나치게 많다'라는 의미이기도 하고, '보통이 아닌 큰일이 지나치다'라는 뜻이기도 합니다. 평범한 사람보다 크게 뛰어난 성현이 간혹 일반적인 상식으로는 할 수 없는 일을 하는 경우에 해당하지요. 예를 들어 요임금과 순임금이 선양(禪讓, 왕위를 아들이 아닌 다른 사람에게 물려줌)을 하고 탕왕과 무왕이 폭군을 물리치고 나라를 세운 것과 같은 일을 가리킵니다. 이런 일들은 모두 중도에서 벗어난 것은 아니지만 세상 사람들이 늘 볼 수 있는 일이 아니기 때문에 '보통보다 크게 지나치다'(大過)라고 하는 것입니다.

택풍 대과의 시대에 군자는 세상에서 홀로 서 있어도 두려워하지 않고 세상을 피하여 은둔해서도 근심하지 않아야 합니다. 어려운 상황에 처했을 때 평범한 사람들이라면 선뜻 갈 수 없는 올바른 길을 선택하고 그 길을 걸어가야 한다는 뜻입니다.

괘사와 효사

괘사 대과괘大過卦는 들보기둥이 휘어지는 것이니 나아갈 바를 두는 것이 이롭고 형통하다.

초육효, 흰 띠풀을 써서 소박하지만 정성스럽게 자리를 깔았으니 허물이 없다.

구이효, 마른 버드나무에 뿌리가 움터 나온다. 늙은 사내구이가 젊은 아내초육를 얻는 것이니 이롭지 않음이 없다.

구삼효, 들보기둥이 휘어지는 것이니 흉하다.

구사효, 들보기둥이 솟아올라 길하지만 정응인 초육에게 얽매여 다른 마음을 가지면 부끄러울 것이다.

구오효, 마른 버드나무에 꽃이 핀다. 늙은 부인상육이 젊은 사내구오를 얻는 것이니 허물은 없지만 영예도 없다.

상육효, 지나치게 무리해서 강을 건너다가 정수리가 잠겼으니 흉하며 원망할 데가 없다.

29

연이은 물구덩이와 위험, 중수 감
重水坎

택풍 대과괘가 크게 지나친 상황이라면 중수 감괘는 지나침이 극에 달하여 위험에 빠지게 되는 때입니다.

험함을 의미하는 감괘(坎, ☵)가 중첩되어 있어 험하고 또 험한 형국입니다. 양효 하나가 있는데 그 위아래에 두 음이 있어서 양이 두 음효 가운데 빠져 있는 모양으로 '빠진다'는 의미이기도 합니다. '감'(坎)은 '물구덩이'라는 뜻도 있는데, 물이 세차게 흘러갈 때 물구덩이가 만들어지고 거기에 빠지게 되는 상황입니다.

중수 감의 때에 군자는 물이 끊임없이 흘러 강과 바다에 이르게 되는 것을 본받아 덕행을 지속하고 백성들을 교화하는 일을 쉼 없이 반복해야 합니다. 자신을 닦고 백성들을 꾸준히 가르쳐야만 연이은 물구덩이처럼 거듭 닥쳐오는 어려움에서 벗어날 수 있다는 의미입니다.

괘사   습감괘習坎卦는 진실한 믿음이 있어서 오직 마음으로 형통하
니 움직여 나아가면 가상하다.

초육효, 거듭된 구덩이에서 구덩이의 구멍으로 들어감이니 흉하다.

구이효, 구덩이에 위험이 있지만 구하는 것을 조금 얻는다.

육삼효, 오고 가는데 구덩이에 빠지는 것이며 험한 곳을 베고 누워
구덩이의 구멍으로 들어가는 것이니 쓰지 마라.

육사효, 한 동이 술과 밥 두 그릇을 질그릇으로 쓰고, 군주와 신뢰 관
계를 맺어나가기를 들창군주의 마음이 열린 곳으로부터 하면 마
침내 허물이 없다.

구오효, 구덩이를 채우지 못하고 있지만 평평한 데에 이르게 되면
허물이 없다.

상육효, 동아줄로 묶고 가시덤불에 가둬 두어서 3년이 지나도 벗어
나지 못하니 흉하다.

30

거듭된 밝음과 붙어 의지함, 중화 리
重火離

중수 감괘가 물구덩이이며 거기에 빠지는 상황이라면 중화 리 괘는 물에 빠지고 나서 붙어 의지하게 되는 것이고 밝음이 거 듭되는 때입니다.

불과 밝음을 상징하는 리괘(離, ☲)가 연달아 있는 것이 중 화 리괘입니다. 불(火)은 속이 비어 있고 물건에 붙어 의지한 상 태에서만 밝게 빛날 수 있어서 '걸리고 붙음'을 의미합니다.

중화 리괘의 때에 대인(大人, 위대한 사람)은 밝음이 서로 이어 지고 있는 것을 본받아 문명을 계승하여 천하 사방을 고루 비 춥니다. 빛이 멀리까지 밝게 비추듯이 자신을 새롭게 하는 공 부를 이어나가서 스스로 명덕(明德, 아름다운 덕성)을 밝힌다면 그 로 인해 세상이 밝아지고 더 나아질 수 있다는 뜻입니다.

괘사와 효사

괘사 　리괘離卦는 바르게 함이 이롭고 형통하니 암소를 기르듯이 하면 길하다.

초구효, 발자국이 어지러우니 신중하면 허물이 없으리라.

육이효, 황색_{중정함}에 걸려 있으니 크게 선하고 길하다.

구삼효, 해가 기울어져 걸려 있는 것이니 질그릇을 두드리며 노래하지 않는다면 늙은이가 탄식하는 것이니 흉하다.

구사효, 갑자기 들이닥쳐서 육오의 군주를 불태울 듯하니 자신이 죽는 것이고 주변 사람들에게 버림받음이다.

육오효, 눈물을 줄줄 흘리고 슬퍼하며 탄식함이니 길하리라.

상구효, 왕이 정벌을 나가면 좋은 일이 있으리니, 우두머리만 죽이고 그 무리를 잡아들이지 않는다면 허물이 없을 것이다.

31
음(陰)과 양(陽)의 감응, 택산 함
澤山咸

중천 건괘로 시작해서 중화 리괘로 끝나는『주역』상경이 천지가 만들어지고 만물이 생겨나서 변화하는 과정에 대한 것이라면『주역』하경은 남녀가 만나 서로 감응하는 택산 함괘로 시작합니다. 천지가 만물의 근본이라면 남녀의 만남은 인륜(人倫)의 시작이라고 보기 때문이지요. '함'(咸)은 '감응하여 느낌'을 의미하니 남녀가 만나 서로 기뻐하는 때입니다.

젊은 여자를 의미하는 태괘(兌, ☱)가 위에 있고 젊은 남자를 의미하는 간괘(艮, ☶)가 아래에 있으니, 젊은 남녀가 만나 서로 감응하는 상이 됩니다. 또 간괘는 독실한 마음을 유지한다는 의미이고 태괘는 기쁨을 의미하니, 남자가 독실한 마음을 유지하면서 아래에서 감응하면 여자가 기뻐하며 위에서 호응하는 모습이기도 합니다.

택산 함의 때에 군자는 연못이 산 위에서 적셔 주어서 막힘없이 두루 통하는 것을 본받아 마음을 비워 내서 다른 사람을 받아들입니다. 자신의 주장을 고집하지 말고 다른 사람을 온전히 받아들여야 진정으로 감응하고 소통할 수 있기 때문입니다.

과사와 효사

과사 　함괘咸卦는 형통하니 올바름을 지키는 것이 이롭고, 여자에게 장가들면 길하다.

초육효, 엄지발가락에서 감응한다.

육이효, 장딴지에서 감응하면 흉하니 자기 자리를 지키고 있으면 길하리라.

구삼효, 넓적다리에서 감응함이라. 지키는 바가 상육을 따름이니 나아가면 부끄러우리라.

구사효, 올바름을 굳게 지키면 길하여 후회가 없어진다. 초육에게 왕래하기를 끊임없이 하면 친한 벗만이 너의 생각을 따를 것이다.

구오효, 등에서 감응하니 후회가 없으리라.

상육효, 광대뼈와 뺨과 혀에서 감응한다.

32
오래도록 지속함, 뇌풍 항
雷風恒

택산 함괘가 남녀가 만나 서로 감응하는 시기라면 뇌풍 항괘는 부부가 되어 그 관계를 오래도록 지속하는 때입니다. '항'(恒)이란 '오래한다'는 것인데 부부가 되면 관계가 오래 지속되어야 하기 때문에 남녀의 사귐을 의미하는 택산 함괘 다음에 뇌풍 항괘가 이어지게 된 것입니다.

맏아들을 의미하는 진괘(震, ☳)가 맏딸을 의미하는 손괘(巽, ☴) 위에 있어서 남자가 존중받으며 여자가 겸손하게 처신하는 부부의 상입니다. 남자가 여자 위에 있는 것은 남자가 밖에서 활동하고 여자가 집안을 운영하는 모습이 되기도 하지요. 또 우레·움직임을 상징하는 진괘와 바람·공손함을 상징하는 손괘가 함께하고 있어서 공손함으로 움직여 나가는 모습이기도 합니다.

뇌풍 항괘의 때에 군자는 항상 지켜 오던 원칙을 유지하면서 자신이 서 있는 자리를 바꾸지 않습니다. 우레가 진동하고 바람이 불어와 모든 것이 변합니다. 그 변화가 이치의 항상

됨이라는 것을 깨닫고 끝없이 변화하는 도(道)를 실천해 나가야 한다는 것입니다.

괘사와 효사

괘사 항괘恒卦는 형통하여 허물이 없으니 올바름을 굳게 지키는 것이 이롭고 가는 바를 두는 것이 이롭다.

초육효, 깊이 파고들어 항상됨을 오래 지속함이다. 고수하는 것이라 흉하니 이로울 바가 없다.

구이효, 후회가 없어진다.

구삼효, 덕을 오래 지속시키지 못한다. 간혹 수치를 당할 것이니 고수하면 부끄러워지리라.

구사효, 사냥하는데 짐승을 잡지 못하는 것이다.

육오효, 그 덕을 항상되게 하면 올바르니, 부인의 경우는 길하고 장부의 경우는 흉하다.

상육효, 진동하는 항상됨이니 흉하다.

33

때맞춰 물러남, 천산 둔
天山遯

뇌풍 항괘가 오래도록 지속하는 것이라면 천산 둔괘는 계속 유지할 수 없어서 물러나는 때입니다. 오래되면 물러나고 떠나는 것이 당연한 이치이니 이렇게 이어진 것이지요. '둔'(遯)은 '물러남'이며 '피함'이니, 떠나가는 것을 말합니다.

하늘을 상징하는 건괘(乾, ☰) 아래에 산을 상징하는 간괘(艮, ☶)가 있는데, 산은 높게 솟아 하늘을 찌를 듯하지만 그 성정은 그침[止]이어서 나아가지 않고, 하늘은 가장 양적이라서 위로 올라가 떠나 버리는 상입니다. 아래에서 위를 치받아서 위에서 물러나는 것이라 도피해서 떠나간다는 의미가 됩니다. 또 음이 아래에서 생겨서 둘로 자라나 앞으로 성대해질 것이고 양은 줄어들면서 물러날 것이니, 소인이 점차 성하게 되고 군자는 물러나 피하기 때문에 천산 둔괘가 된 것이지요.

천산 둔의 때에 군자는 소인을 멀리하되 그들에게 나쁘게 대하지 않으며 오직 위엄 있게 처신하고 신중하게 행동해야 합니다. 소인의 기운이 강해지는 때에는 소인을 자극하지 않으면서 그들을 멀리해야 하고 신중하고 반듯하게 처신함으로써 소인들이 저절로 멀어지게 해야 한다는 것입니다.

괘사와 효사

괘사　둔괘遯卦는 형통할 수 있으니 조금 바로잡음이 이롭다.

초육효, 물러나는데 꼬리가 되어 위태로우니 가는 바를 두지 말아야 한다.

육이효, 황소 가죽을 써서 구오와 묶이니 그 굳은 신뢰를 이루 다 말할 수 없다.

구삼효, 육이에 얽매인 채로 물러남이라 병이 있어서 위태로우나 아랫사람과 여자를 기름에는 길하다.

구사효, 좋아하면서도 물러남이니 군자에게는 길하고 소인에게는 좋지 않다.

구오효, 아름다운 물러남이니 올바름을 굳게 지켜서 길하다.

상구효, 여유 있는 물러남이니 이롭지 않음이 없다.

34

양(陽)이 강한 힘을 씀, 뇌천 대장
雷天 大壯

천산 둔괘가 양이 음을 피해 물러나는 시기라면 뇌천 대장괘는 양이 강한 힘을 쓰는 때입니다. '대'(大)는 '큰 것'이고 '양'(陽)을 의미하고, '장'(壯)은 '나아가는 것'이고 '장성하다'는 뜻이니, 대장은 '양이 장성한 것'입니다. 만물이 쇠하면 반드시 장성하게 되고 사라지면 또 생겨나게 되니 물러난 이후에 장성하게 되므로, 천산 둔괘가 뇌천 대장괘로 이어지는 것이지요.

우레와 진동을 의미하는 진괘(震, ☳)가 위에 있고, 하늘과 굳셈을 의미하는 건괘(乾, ☰)가 아래 있어서, 굳셈으로써 움직이는 상이 됩니다. 우레가 진동하면서 하늘 위에 드러나 있으니 양기가 강한 때이기도 합니다. 또 아래에서 양효가 자라서 넷이 되었으니 이미 중반을 지난 상태로 커지고 장성해진 때를 의미하지요.

뇌천 대장의 때에 군자는 스스로를 이겨 내는 굳셈을 실천하기에 예가 아니면 행하지 않습니다. 진정한 강자는 '자신을 이겨서 예로 돌아감'(克己復禮)을 몸소 실천하는 사람이고 타인과 조화를 이루되 휩쓸리지 않고 중심을 잡고서 치우치지 않는 존재이기 때문입니다.

괘사와 효사

괘사　대장괘大壯卦는 올바름을 굳게 지키는 것이 이롭다.

초구효, 발에서 장성한 것이니 나아가면 흉하게 될 것이 틀림없다.

구이효, 올바름을 굳게 지켜 길하다.

구삼효, 소인이라면 강한 힘을 쓰고 군자라면 상대를 무시한다. 그 상태를 고수하면 위태로우니 숫양이 울타리를 들이받아 그 뿔이 다치는 것이다.

구사효, 올바름을 굳게 지키면 길하여 후회가 없어진다. 울타리가 터져 열려서 뿔이 다치지 않으며 큰 수레의 바퀴살이 강한 것이다.

육오효, 양羊=陽들을 온화하게 대하여 힘을 잃게 하면 후회가 없다.

상육효, 숫양이 울타리를 들이받아 물러날 수도 없고 나아갈 수도 없으니, 이로운 것이 없다. 어려우면 길하리라.

35

밝음에 나아감, 화지 진
火地 晉

☲
☷

뇌천 대장괘가 커지고 장성해지는 시기라면 화지 진괘는 장성한 후에 나아가는 때입니다. '진'(晉)은 '나아간다', '밝아지고 성대해진다'는 뜻이니 커지고 융성해지면 반드시 나아가고 밝고 성대해지기에, 뇌천 대장괘 다음에 화지 진괘가 온 것이지요.

밝음과 빛을 상징하는 리괘(離, ☲)가 땅을 상징하는 곤괘(坤, ☷) 위에 있어 해가 땅에서 솟아나서 하늘로 올라가는 상이 되고 더욱 밝고 성대해지는 모습입니다.

화지 진의 때에 군자는 스스로 자신의 명철한 덕을 밝힙니다. 가려진 것을 제거하고 앎을 지극히 하는 것이 바로 자신에게서 명덕(明德)을 밝히는 일이고, 이것이 선행되어야 천하를 밝힐 수 있기 때문입니다.

괘사와 효사

괘사 진괘晉卦는 나라를 안정시키는 제후에게 말을 많이 하사하고, 하루에 세 번 접견하는 것이다.

초육효, 나아가려다 물러남에 올바르면 길하다. 구사가 믿어 주지 않더라도 여유를 가지면 허물이 없다.

육이효, 나아가려다 근심하는 것이지만 올바름을 지키면 길하니 왕모육오에게서 큰 복을 받는다.

육삼효, 무리가 믿고 따르니 후회가 없어진다.

구사효, 나아가는 것이 다람쥐와 같으니 계속 고수하면 위태롭다.

육오효, 후회가 없게 된다. 득실을 근심하지 말아야 하니 나아가면 길하여 이롭지 않음이 없다.

상구효, 그 뿔에까지 나아감이니 오직 자기 자신을 강하게 단속하는 데에 사용하면 엄격하더라도 길하고 허물이 없다. 하지만 올바름의 측면에서는 부끄러움이 있다.

36
밝음이 손상당함, 지화 명이
地火明夷

☷☲

화지 진괘가 나아가는 것이라면 지화 명이괘는 나아감을 그치지 않아 상처를 입는 때입니다. '이'(夷)는 '상함'을 의미하니 '명이'(明夷)는 '밝음이 손상당한다'는 뜻이 됩니다.

땅을 상징하는 곤괘(坤, ☷)가 위에 있고 밝은 빛을 상징하는 리괘(離, ☲)가 아래에 있어 밝음이 땅속으로 들어가게 되는 상입니다. 바로 앞에 있는 화지 진괘와 위 아래가 바뀐 상황인데, 밝음이 성대해지는 화지 진괘와 반대가 되니 사리분별이 어두운 군주가 위에 있어서 밝음이 상처를 입는 때가 됩니다.

지화 명이의 때에 군자는 여러 사람을 대하면서 자신의 밝음을 감추고 다른 이들과 화합하고 현명하게 처신해야 합니다. 이 시기에는 타인의 잘못을 낱낱이 밝혀 가혹하고 각박하게 굴어서는 안 되고 너그럽게 포용하면서 자잘한 일은 따지지 않는 것이 현명한 처신이 됩니다.

괘사   명이괘明夷卦는 어려움을 알고 올바름을 굳게 지키는 것이 이롭다.

초구효, 밝은 빛이 손상당하는 때 날아가려 함에, 그 날개가 아래로 처지는 것이다. 군자가 떠나가면서 3일 동안 먹지 않으니 나아갈 바를 두면 주변 사람들이 이런저런 말을 한다.

육이효, 밝은 빛이 손상당하는 때에 왼쪽 넓적다리를 다쳤으나 구원하는 말馬, 구삼이 건장하다면 길하다.

구삼효, 밝은 빛이 손상당하는 때에 남쪽으로 사냥 나가서 그 우두머리상육, 포악한 군주를 잡아 제거하지만 습속을 급하게 바로잡아서는 안 된다.

육사효, 왼쪽 배로 들어가 밝은 빛을 손상당한 육오의 마음을 얻어서 문 앞의 뜰국정을 논하는 조정로 나오는 것이다.

육오효, 기자가 밝은 빛을 감춘 것이니 올바름을 굳게 지키는 것이 이롭다.

상육효, 밝지 못하여 어두우니 처음에는 하늘天位, 천자의 지위에 오르고 나중에는 땅속으로 들어간다.

37

집안을 다스리는 도리, 풍화 가인
風火家人

지화 명이괘가 밝음이 손상당하는 것이라면 풍화 가인괘는 바깥에서 상처받은 자가 돌아오는 집을 의미하고 법도에 맞게 집안을 다스리는 때가 됩니다. '가인'(家人)은 '집안을 다스리는 도리'이니, 부자(父子)의 친함·부부(夫婦)의 의리·존비(尊卑)와 장유(長幼)의 차례가 바르게 서고 은혜와 의리를 돈독히 하는 것입니다.

바깥에 바람을 상징하는 손괘(巽, ☴)가 있고 안에 불을 상징하는 리괘(離, ☲)가 있어, 불이 세게 타오를 때 바람이 일어나 불에서부터 바람이 불어 나오는 상입니다. 안에서부터 바람이 불어 나옴은 집안으로부터 바깥에 영향이 미치는 것을 의미합니다. 수신 → 제가 → 치국 → 평천하로 집안을 다스리는 도리가 점차 확장되어 나가는 것을 상징하고 있습니다. 또 육이효와 구오효가 각각 안과 밖에서 여자와 남자의 역할을 바르게 수행하고 있는 모습이기도 하지요.

풍화 가인의 때에 군자는 자신의 내면을 더욱 갈고닦아야 하기에 말을 할 때에는 진실되게 하고 행할 때에는 항상됨이 있어야 합니다.

괘사와 효사

괘사   가인괘家人卦는 여자가 올바름을 지키는 것이 이롭다.

초구효, 집안을 다스림에 법도로 막아서 지키면 후회가 없다.

육이효, 바깥일을 이루려는 바가 없으니 집안에 있으면서 음식을 준비해 사람들에게 대접하면 올바르고 길하다.

구삼효, 집안사람들이 원망하는 소리를 내면 엄격함을 후회하지만 길하다. 부인과 자식이 희희낙락하면 끝내 부끄럽게 될 것이다.

육사효, 집안을 부유하게 하는 것이니 크게 길하다.

구오효, 왕이 집안을 다스리는 도를 지극히 하는 것이니 근심하지 않아도 길하다.

상구효, 진실한 믿음이 있고 위엄이 있으면 끝내 길하리라.

38

어긋남과 분열, 화택 규
火澤睽

풍화 가인괘가 집안을 다스리는 도리가 행해지는 것이라면 화택 규괘는 집안의 도가 다하여 어긋나고 흩어지는 때입니다. '규'(睽)는 '거스르고 어긋남'이고 '서로 떨어지게 됨'입니다.

불을 상징하는 리괘(離, ☲)가 위에 있고 못을 상징하는 태괘(兌, ☱)가 아래 있어서, 리괘인 불은 타오르고 태괘인 연못은 내려가니 서로 어긋나고 흩어지는 상입니다. 리괘는 둘째 딸이 되고 태괘는 막내딸이어서 두 딸이 한 집안에서 자라지만 시집가는 곳이 각각 달라 결국 함께 가지 않는 모습이기도 합니다.

화택 규의 때에 군자는 세상 속에 섞여 함께 살아가면서도 자신의 신념과 원칙을 지켜 나감에 있어서는 남들과 다른 선택을 하고 다른 길을 걸어갈 수 있어야 합니다.

괘사 규괘睽卦는 작은 일에는 길하리라.

초구효, 후회가 없다. 말馬, 구사을 잃지만 쫓아가지 않아도 저절로 돌아온다. 사이가 나쁜 사람일지라도 만나야 허물이 없다.

구이효, 후미진 골목에서 군주를 만나면 허물이 없다.

육삼효, 수레가 뒤로 끌리고 소를 막아서니 그 수레에 탄 사람육삼이 머리를 깎이고 코가 베인다. 시작은 없지만 마침은 있으리라.

구사효, 어긋나는 때라 외로운 처지인데 훌륭한 남편초구을 만나 진실한 믿음을 가지고 사귀니 위태롭지만 허물이 없다.

육오효, 후회가 없어지니 그 뜻을 같이하는 사람들이 살을 깊이 깨물듯이 완전히 믿고 따라 주면 나아가는 데 무슨 허물이 있겠는가?

상구효, 어긋나는 때라 외로워서 돼지가 진흙을 뒤집어쓴 것과 수레에 귀신이 가득히 실려 있는 것을 본다. 먼저 활줄을 당기다가 나중에는 활을 풀어 놓는데, 이는 도적이 아니라 혼인할 짝이니 육삼에게 가서 비를 만나면음과 양이 만나면 길하다.

39

어려움과 고난, 수산 건
水山 蹇

화택 규괘가 어긋나고 흩어지는 상황이라면 수산 건괘는 어긋남에서 어려움이 생겨나는 때입니다. 건(蹇)은 '다리를 절며 걸어가는 것'이라 '고생하는 것'이고 '어려움'이 됩니다.

어려움을 의미하는 감괘(坎, ☵)가 위에 있고, 그침을 의미하는 간괘(艮, ☶)가 아래에 있어 험한 것이 앞에 있어서 나아갈 수 없어 멈춘 상입니다. 앞에는 위험하고 빠지는 물구덩이가 있고 뒤에는 높이 솟아 막혀 있는 산이 있으니 나아가기도 물러나기도 어려운 상황이라고 할 수 있습니다.

수산 건괘의 때에 군자는 무엇을 할 수 있을까요? 최선을 다하고도 노력에 합당한 결과를 얻지 못할 때, 다양한 어려움에 처하게 될 때, 군자는 자신을 돌이켜보고 스스로를 갈고닦아야 합니다. 역경을 견뎌 낼 때 더욱 정진하는 것 말고 다른 길은 없다고 말하고 있는 거지요.

괘사   건괘蹇卦는 서남쪽 곤방(坤方)이 이롭고, 동북쪽 간방(艮方)은 이롭지 않으며 대인大人을 만나는 것이 이로우니 올바름을 굳게 지키면 길하리라.

초육효, 나아가면 어렵고 제자리로 돌아오면 영예가 있다.

육이효, 왕의 신하가 고난 속에서 더욱 어려운 것이니 이는 그 자신을 위한 것이 아니다.

구삼효, 나아가면 어렵고, 아래로 오면 제자리로 돌아오리라.

육사효, 나아가면 어렵고 제자리로 오면 아래의 효들과 연대한다.

구오효, 큰 어려움에 처하여 도와줄 벗六二이 온다.

상육효, 나아가면 어렵고 돌아오면 여유로워 길하리니 대인大人을 보는 것이 이롭다.

40

위험에서 풀려남, 뇌수 해
雷水解

䷧

수산 건괘가 어렵고 험하여 갈 길이 막힌 상황이라면 뇌수 해 괘는 그 시기가 지나가서 위험에서 풀려나는 때입니다. 어려움도 극에 달하면 풀려나게 되는 법이니까요.

움직임을 의미하는 진괘(震, ☳)가 위에 있고 험함을 의미하는 감괘(坎, ☵)가 아래에 있어 움직여서 험함을 벗어나는 상이 됩니다. 또한 진괘는 우레가 되고 감괘는 비가 되어 우레가 치고 비가 내리니, 음양이 교감하여 서로 통하게 된 상황을 상징하기에 어려움에서 풀려나는 때가 됩니다.

뇌수 해괘의 때에 군자 역시 풀어 주고 느슨하게 해주는 기운을 써야 하기에 실수한 자는 용서해 주고 죄지은 자도 정상을 참작하여 너그럽게 처벌해야 합니다.

괘사 해괘解卦는 서남쪽곤방(坤方)이 이로우니 나아갈 필요가 없다. 와서 회복하는 것이 길하니 나아갈 바를 둔다면 서둘러 하는 것이 길하다.

초육효, 허물이 없다.

구이효, 사냥하여 세 마리 여우삼음(三陰): 초육·육삼·상육를 잡아 누런 화살중도(中)와 강직함(直)을 얻으니 올바름을 굳게 지켜서 길하다.

육삼효, 짐을 져야 할 소인이 수레를 타고 있는 것이라 도적을 불러들이니 올바르더라도 부끄럽게 될 것이다.

구사효, 너의 엄지발가락초육을 풀어 버리면 벗구이이 이르러 이에 진실로 미더우리라.

육오효, 군자덕 있는 군주가 오직 풀 수 있으면 길하니 소인들의 행태를 보면 알 수 있다.

상육효, 공公: 가장 높은 자리에 오른 뛰어난 인물이 높은 담장 위에서 매를 쏘아 맞혀 잡으니 이롭지 않음이 없다.

41

덜어 내고 비움, 산택 손
山澤損

뇌수 해괘가 위험에서 풀려나고 느슨해지는 것이라면 산택 손괘는 느슨해져서 잃는 것이 있는 때입니다. 손(損)은 '덜어 내는 것'이고 '손실'인데 늘어지고 느슨해지면 반드시 잃는 것이 있게 되므로 이런 순서로 연결된 것입니다.

　산을 상징하는 간괘(艮, ☶)가 위에 있고 못을 상징하는 태괘(兌, ☱)가 아래에 있는데 산은 높고 연못은 깊은 상이 되고 아래가 깊어질수록 위가 더욱 높아질 수 있어서 아래를 덜어서 위에 보태는 것이 됩니다. 연못이 산 아래 있어서 그 기운이 서로 통하여 윤택함이 초목과 만물에 미치니, 이것 역시 아래를 덜어서 위에 보태는 것이 됩니다. 또 태괘가 기쁨을 의미하는데 세 효가 모두 위에 있는 효들과 호응하니 기쁨으로 윗사람을 받드는 것이 되어 아래를 덜어 위를 보태는 것이 됩니다. 하지만 이렇게 아래에서 취하여 위를 높게 올리면 위태롭게 되어 추락할 수 있으니 결국은 손실이 발생하는 형국이라고 할 수 있습니다.

덜어 냄을 의미하는 산택 손의 때에 군자는 자신에게서 분노를 없애고 욕심을 틀어막아야 합니다. 분노가 치밀어 오르면 남을 해칠 수 있고 욕심이 일어나면 자신을 잃어버릴 수 있으니 이 두 가지를 덜어 내는 데 힘쓰는 것이 자신을 닦는 길이기 때문입니다.

괘사와 효사

괘사 손괘損卦는 진실한 믿음이 있으면 크게 좋고 길하고 허물이 없어서 올바르게 할 수 있으니 나아가는 것이 이롭다. 어떻게 쓰겠는가? 대그릇 두 개만으로도 제사를 받들 수 있다.

초구효, 일을 마치거든 빨리 떠나가야 허물이 없으니 적절히 헤아려서 덜어 내야 한다.

구이효, 올바름을 굳게 지키는 것이 이롭고 함부로 나아가면 흉하니 자신의 중도를 덜어 내지 않아야 육오의 군주에게 더해 줄 수 있다.

육삼효, 세 사람이 갈 때에는 한 사람을 덜어 내고 한 사람이 갈 때에는 그 벗을 얻는다.

육사효, 그 병을 덜어 내되 신속하게 하면 기쁨이 있고 허물이 없게 된다.

육오효, 혹 더할 일이 있으면 열 명의 벗이 도와준다. 거북점일지라도 이를 어길 수 없으니 크게 좋고 길하다.

상구효, 덜어 내지 않고서 더해 주면 허물이 없고 올바름을 지켜서 길하다. 가는 바를 둠이 이로우니 신하를 얻는 것이 집안사람에 국한되지 않으리라.

42

보태 주고 채움, 풍뢰 익
風雷益

산택 손괘가 덜어 내는 것이라면 풍뢰 익괘는 더하고 보태게 되는 때입니다. 흥성과 쇠퇴, 덜어 냄과 보태 줌은 꼬리를 물고 이어져서 덜어 냄이 지극하면 반드시 보태지는 것이 자연의 이치입니다.

바람을 상징하는 손괘(巽, ☴)가 위에 있고 우레를 상징하는 진괘(震, ☳)가 아래에 있어 우레가 진동하는데 바람이 불어와 서로 상승작용을 일으키는 상입니다. 바람이 세차면 우레가 빨라지고 우레가 몰아치면 바람이 크게 일어나니 두 가지가 서로 돕고 보태는 모습이지요. 또 풍뢰 익괘는 건괘(乾, ☰)에 있던 맨 아래 양효가 곤괘(坤, ☷) 맨 아래 있는 음효와 자리를 바꿔서 손괘와 진괘가 되었다고 봅니다. 일반적으로 양이 변해 음이 되는 것은 덜어 냄이고 음이 변해 양이 되는 것은 보태 줌이라고 봅니다. 건괘의 양효가 음효가 되어 덜어 냄이고 곤괘의 음효가 양효가 되어 보태 줌이니, 위에서 덜어서 아래를 보태 주는 상황이지요. 이렇게 아래가 두터워지면 위가 편안해지기에 결국 유익하게 되는 때입니다.

풍뢰 익의 때에 군자는 자신에게 유익한 일을 해야 하니 선(善)을 보면 옮겨 가고, 허물이 있으면 고쳐 나가야 합니다. 선(善)으로 옮겨 가는 것은 다른 이의 선함을 배우고 실천하는 것으로 바람처럼 신속하게 해야 하고, 자신의 허물을 고치는 것은 머뭇거리지 말고 우레처럼 맹렬하게 해야 하는 법이기 때문입니다.

괘사와 효사

괘사   익괘益卦는 나아갈 바를 두는 것이 이롭고, 큰 강을 건너는 것이 이롭다.

초구효, 큰일을 일으키는 것이 이로우니, 크게 좋고 길해야 허물이 없다.

육이효, 혹 보탤 일이 있으면 열 명의 벗이 도와주는 것이다. 거북점일지라도 이를 어길 수 없으나, 오래도록 올바름을 굳게 지키면 길하다. 왕이 이런 마음을 써서 상제께 제사드려도 길하리라.

육삼효, 보태는 일을 흉한 일에 쓰면 허물이 없으나, 진실한 믿음을 가지고 중도로써 행해야 군주에게 고할 때에 규圭, 왕의 신표로써 할 수 있다.

육사효, 중도로써 행하면 군주에게 고하여 믿고 따라 주니, 윗사람구오의 군주에게 의지하여 나라의 도읍을 옮기는 것이 이롭다.

구오효, 진실한 믿음이 있어 세상을 은혜롭게 하려는 마음이기에 묻지 않아도 크게 좋고 길하니, 백성들이 믿음을 가지고 나의 덕구오가 베푸는 정치을 은혜롭게 여긴다.

상구효, 보태 주는 사람이 없기에, 어떤 사람은 공격한다. 마음먹기를 늘 하던 대로 하지 말아야 하니, 흉하다.

43
과감한 결단, 택천 쾌
澤天夬

풍뢰 익괘가 보태고 더하는 것이라면 택천 쾌괘는 더하여 그치지 않아서 터져 나가는 때입니다. '쾌'(夬)는 '터짐'이고 '과감하게 결단하고 제거한다'는 의미입니다.

못을 상징하는 태괘(兌, ☱)가 위에 있고 하늘을 상징하는 건괘(乾, ☰)가 아래에 있어 물을 모아 둔 연못이 지극히 높은 곳에 올라가서 터지는 상이 됩니다. 또 양효 다섯이 아래에서 자라나서 나아가려 하고 음효 하나가 위에 있어 사라지려고 하니, 여러 양이 위로 올라가 하나 남은 음을 결단하고 제거하는 때입니다. 군자의 도가 자라나고 소인이 사라지고 다하려는 때라고 볼 수 있지요.

택천 쾌괘의 때에 군자는 연못이 위에서 터져 아래에 물을 대주는 것처럼 자신의 덕을 기르고 좋은 정책을 베풀어 혜택이 아래에 미치게 하고 사회의 불안을 제거하기 위해 막고 금하는 것을 법으로 만들어야 합니다. 군자의 도는 사회 제도와 법을 통해 공적으로 실현되어야 하기 때문입니다.

괘사 쾌괘夬卦는 왕의 조정에서 드날리는 것이니, 진실한 믿음을 가지고 호령하여 위험이 남아 있음음이 남아 있음을 알게 한다. 자기 자신에서부터 고하되 군사를 일으키는 것은 이롭지 않으며, 나아갈 바를 두는 것이 이롭다.

초구효, 발아래 있는 초구이 앞으로 나아감에 강건한 것이니, 나아가서 감당하지 못하면 허물이 되리라.

구이효, 두려워하며 호령하는 것이니, 늦은 밤에 적군이 있더라도 격정할 것이 없다.

구삼효, 광대뼈구삼가 건장하여 흉함이 있다. 홀로 가서 상육과 사귀어 비를 만날 수 있으니음과 양의 만남이 이루어지니 군자는 과감하게 결단한다. 비에 젖은 듯하여 노여워하면 허물이 없으리라.

구사효, 엉덩이에 살이 없으면서 나아가기를 머뭇거리니, 양羊, 아래 3개의 양(陽)을 이끌고 나아가면 후회가 없겠지만, 말을 들어도 믿지 않는다.

구오효, 쇠비름나물상육의 영향을 받음이다. 끊어 내기를 과감하게 하면 중도를 행함에 허물이 없다.

상육효, 울부짖어도 소용없으니 끝내 흉함음(陰), 소인의 종말이 있다.

44

우연한 만남, 천풍 구
天風姤

택천 쾌괘가 결단하고 제거하는 것이라면 천풍 구괘는 우연히 만나게 되는 때입니다. 제거한다는 것은 헤어진다는 것인데 헤어짐이 있으면 새로운 만남이 있게 되니 이렇게 이어지는 것이지요.

하늘을 상징하는 건괘(乾, ☰)가 위에 있고 바람을 상징하는 손괘(巽, ☴)가 아래에 있어 바람이 하늘 아래로 불어오는 것이니, 바람이 하늘 아래 있는 만물을 지나가며 만나는 상이 됩니다. 또 음효 하나가 아래에서 처음 생겨나 음이 여러 양효들과 만나기 때문에 만남의 때가 됩니다.

천풍 구의 시대에는 군주가 움직여야 합니다. 바람이 온 천하를 다니며 만물을 만나듯이 이치와 상황에 맞는 명령을 내려야 하고 그것을 온 세상 사람들에게 알려야 할 때입니다.

괘사 구괘姤卦는 여자가 힘이 세질 것이니, 그 여자에게 장가들지 말아야 한다.

초육효, 쇠로 된 굄목에 매어 놓으면 바르게 되어 길하고, 나아갈 바를 두면 흉한 일을 당하리라. 파리한 돼지초육는 날뛰고 싶은 마음이 가득하다.

구이효, 꾸러미에 물고기초육가 있을 때처럼 하면 허물이 없을 것이니 손님외부의 다른 양(陽), 구삼과 구사에게 줌은 이롭지 않다.

구삼효, 엉덩이에 살이 없으나 나아가기를 머뭇거리니, 위태롭게 여기면 큰 허물이 없다.

구사효, 꾸러미에 물고기초육가 없음이니, 흉한 일이 일어날 것이다.

구오효, 구기자나무 잎으로 오이를 감싸는 것이니, 아름다운 덕을 머금고 있으면 하늘로부터 내려 주는 복이 있다.

상구효, 그 뿔에서 만남이니 부끄러우나 탓할 곳이 없다.

45

사람들이 모여듦, 택지 췌
澤地萃

천풍 구가 만나는 것이라면 택지 췌괘는 만나서 무리를 이루며 모여드는 때입니다. 서로 만나면 무리를 이루기 때문에 이렇게 이어지는 것이지요.

못을 상징하는 태괘(兌, ☱)가 위에 있고 땅을 상징하는 곤괘(坤, ☷)가 아래 있어 땅 위에 물이 모여들어 연못이 이루어지고 있는 상입니다.

택지 췌괘의 때에 군자는 많은 사람들이 모여들 때 생길 수밖에 없는 분란을 염두에 두고 병장기를 수리하여 예기치 못한 사달이 벌어질 경우에 대비해야 합니다. 사람들이 모이게 되면 미처 생각하지 못했던 혼란과 분쟁이 일어날 수 있기 때문입니다.

■ 괘사와 효사

괘사 췌괘萃卦는 왕이 종묘를 세우는 것이 지극하다. 대인구오의 군주을 만나는 것이 이로우니 형통하고 올바름을 굳게 지키는 것이 이롭다. 큰 희생을 쓰는 것이 길하니 나아갈 바를 두는 것이 이롭다.

초육효, 정응인 구사에 대한 믿음을 가지고 있으나 끝까지 가지 못하면 이에 마음이 어지러워지고, 같은 부류_{육이와 육삼}가 모여들 것이다. 만일 크게 소리쳐 정응을 찾는다면 한 줌의 무리_{육이, 육삼}에게 비웃음거리가 될 것이나 이를 근심하지 말고 나아가면 허물이 없다.

육이효, 구오와 서로 끌어당기면 길하여 허물이 없을 것이니, 진실한 믿음으로 소박한 제사를 드리는 것이 이롭다.

육삼효, 모이려 하다가 탄식하니 이로울 바가 없다. 나아가면 허물이 없지만 약간 부끄럽다.

구사효, 치우침 없이 두루 행해서 길하게 되어야 허물이 없다.

구오효, 백성들의 마음이 모여서 그 지위에 있게 되니 허물이 없다. 믿지 않는 자가 있어도 우두머리의 덕元을 지속적으로永 바르게 지켜 나가면貞 후회가 없어진다.

상육효, 한탄하며 눈물 콧물을 흘리니, 탓할 곳이 없다.

46
위로 올라감, 지풍 승
地風升

택지 췌가 모여드는 것이라면 지풍 승괘는 모여서 올라가는 때입니다. 만물이 모이고 쌓이면 높아지고 커져서 올라가게 되므로 택지 췌괘 다음에 이어지는 것이지요.

땅을 상징하는 곤괘(坤, ☷)가 위에 있고 나무를 상징하는 손괘(巽, ☴)가 아래 있어 땅 속에서 나무가 자라나서 더욱 커지는 상이 됩니다.

지풍 승괘의 때에 군자는 거침없이 나아가기 위해 이치를 따르고 작은 것을 쌓아서 높고 크게 이루어 냅니다. 모든 일을 순리대로 풀어 나가야 앞으로 나아갈 수 있고 이치에 맞지 않으면 물러날 수밖에 없으니 이치를 따르는 것이고, 나무가 날마다 자라나듯이 조금씩 쌓으면 크게 이룰 수 있으니 잠시도 배움에 게을러서는 안 된다는 것입니다.

괘사 승괘升卦는 크게 좋고 형통하니, 육오가 이것승(升)의 도(道)을 써서 구이의 대인을 만나 보되 근심하지 말고 남쪽으로 나아가면 길하다.

초육효, 구이를 믿고 따라 올라가는 것이니, 크게 길하다.

구이효, 진실한 믿음이 있으면 소박한 제사를 드리는 것이 이로우니, 허물이 없으리라.

구삼효, 빈 고을에 올라가는 것이다.

육사효, 왕文왕이 기산에서 형통한 것처럼 하면 길하고 허물이 없으리라.

육오효, 올바름을 굳게 지켜야 길하리니, 계단을 딛고 오르는 것이다.

상육효, 올라감에 어두운 것이니, 쉼 없이 정도正道를 행하는 것에는 이롭다.

47
곤경에 처함, 택수 곤
澤水困

지풍 승괘가 올라가는 것이라면 택수 곤괘는 올라감을 그치지 않아서 막히고 곤경에 처하는 때입니다.

못을 상징하는 태괘(兌, ☱)가 위에 있고 물을 상징하는 감괘(坎, ☵)가 아래에 있는데 물이 못 아래에 있어 못이 말라 물이 없는 상이 됩니다. 또 상육효가 두 양효 위에 있고 구이효가 두 음효 사이에 빠져 있으니, 모두 부드러운 음이 굳센 양을 가린 것이 되어 어렵고 곤란한 상황입니다. 군자가 소인에게 가림을 당하는 모습이라 곤궁한 때가 되지요.

택수 곤괘의 시기에 군자는 평소에 미리 어려움에 대비하고 올바르게 살아왔음에도 곤궁함을 당하게 되는 때가 있다는 것을 받아들이고 어려움 속에서도 자신의 뜻을 지켜 나가야 합니다.

괘사 곤괘困卦는 형통하고 올바를 수 있으니 대인이라 길하고 허물이 없다. 말을 하면 믿지 않을 것이다.

초육효, 엉덩이가 나무등걸株木에 곤란을 당하니 어두운 골짜기로 들어가서 3년이 지나도 볼 수 없다.

구이효, 술과 밥에 곤궁하지만 붉은 무릎가리개를 한 구오의 군주가 올 것이다. 제사를 드리는 정성을 쓰는 것이 이로우니 나아가면 흉하여서 탓할 곳이 없다.

육삼효, 돌위에서 내리 누르는 굳센 양, 구사와 구오에 눌려서 곤란하고 가시풀구이에 찔리며 앉아 있다. 그 집에 들어가도 아내를 볼 수 없으니 흉하다.

구사효, 천천히 내려감은 쇠수레굳센 양, 구이에 막혀 곤란하기 때문이니, 부끄럽지만 끝맺음은 있을 것이다.

구오효, 코를 베이고 발뒤꿈치를 잘리니 적색 무릎가리개를 한 신하구이가 막혀 있지만, 서서히 기쁨이 있으리니 하늘과 땅에 제사를 드리는 정성을 쓰는 것이 이롭다.

상육효, 칡덩굴과 높고 위태로운 자리에서 곤란을 겪으니, 움직일 때마다 후회할 것이라 말하면서 뉘우치면, 나아감에 길하리라.

48

마르지 않는 우물의 덕, 수풍 정
水風井

택수 곤이 막히고 곤경에 처하는 것이라면 수풍 정괘는 위에서 막히고 어려워져서 아래로 돌아오는 때입니다. '정'(井)은 '우물'이고 아래에서 솟아나는 것이어서 택수 곤괘 다음이 된 것입니다.

물을 상징하는 감괘(坎, ☵)가 위에 있고 나무와 들어감을 상징하는 손괘(巽, ☴)가 아래에 있어 나무가 물속으로 들어가는 것이고 우물에서 두레박으로 물을 퍼 올리는 상이 됩니다.

수풍 정의 때에 군자는 지나가는 사람들에게까지 골고루 베풀어지는 우물의 덕을 본받아 백성들을 위로하고 그들이 서로에게 마르지 않는 우물이 되어 줄 수 있도록 서로 돕는 방법을 가르쳐야 합니다.

괘사와 효사

괘사 　정괘井卦는 고을은 바꾸어도 우물은 바꿀 수 없으니, 잃는 것도 없고 얻는 것도 없으며, 오고 가는 이가 모두 우물물을 마신다. 거의 이르렀는데도 두레박줄이 우물에 닿지 못한 것과 같으니 두레박이 깨지면 흉하다.

초육효, 우물에 진흙이 있어 아무도 먹지 않는다. 오래된 우물에는 짐승들도 찾아오지 않는다.

구이효, 골짜기와 같은 우물이라서 두꺼비에게만 흐르고 항아리가 깨져서 물이 샌다.

구삼효, 우물 바닥을 파내어 물이 깨끗한데도 사람들이 먹지 않아 내 마음이 슬프게 된다. 끌어올려 쓸 수 있으니 구오의 군주가 현명하면 모두 함께 그 복을 받는다.

육사효, 우물에 벽돌을 쌓으면 허물이 없으리라.

구오효, 우물물이 맑아 시원한 샘물을 마신다.

상육효, 우물물을 긷고서 장막으로 뚜껑을 덮지 않고 늘 변치 않는 믿음이 있어서 매우 좋고 길하다.

49

혁명·크게 바꿈, 택화 혁
澤火革

수풍 정괘가 우물의 덕을 베푸는 것이라면 택화 혁괘는 오래된 우물을 완전히 바꾸는 때입니다. 우물은 오래 방치해 두면 더러워지고 썩기 때문에 속까지 뒤집어서 파내야 맑고 깨끗해지니, 변혁하지 않을 수 없습니다. 그래서 수풍 정괘 다음에 택화 혁괘가 이어지는 것이지요.

　못을 상징하는 태괘(兌, ☱)가 위에 있고 불을 상징하는 리괘(離, ☲)가 아래에 있어 못 속에 불이 있는 것인데 물과 불은 서로 없애기에 물은 불을 끄고 불은 물을 말려서 서로 변혁하는 것이 됩니다. 불은 위로 올라가고 물은 아래로 내려가니, 만일 불이 위에 있고 물이 아래 있어 서로 흩어진다면 화택 규(睽, ☲)괘가 됩니다. 여기서는 불이 아래에 있고 물이 위에 있어 서로 만나는데 상대를 없애고 완전히 바꾸기에 '혁'(革)이 되는 것입니다.

　택화 혁의 때에 군자는 천지가 상생·상극의 리듬으로 변혁되어 감을 깨달아 달력을 만들어 사시의 변화를 밝히고 백성들이 천지의 변화에 순응하면서 살아갈 수 있도록 해야 합니다.

괘사와 효사

괘사 혁괘革卦는 날이 지나야 이에 믿게 될 것이니, 크게 형통하고 올바름에 이로워 후회가 없다.

초구효, 황소 가죽을 써서 단단히 묶는다.

육이효, 날이 지나서야 이에 크게 바꿀 수 있으니, 그대로 해 나가면 길하여 허물이 없을 것이다.

구삼효, 그대로 나아가면 흉하니 올바름을 굳게 지키고 위태롭게 여기는 마음을 품어야 하리라. 개혁해야 한다는 공론이 세 번 이루어지면 믿을 수 있다.

구사효, 후회가 없어지니 진실한 믿음이 있으면 천명을 바꾸는 것이 길하리라.

구오효, 위대한 사람이 호랑이처럼 변화시키는 것이니, 점을 치지 않아도 믿음이 있다.

상육효, 군자는 표범처럼 변하고 소인은 얼굴만 바꾸니, 끝까지 나아가려고 하면 흉하고 올바름을 지키고 있으면 길하다.

50

변혁의 가마솥, 화풍 정
火風鼎

택화 혁괘가 변혁이 일어나는 것이라면 화풍 정괘는 큰 변화를 계속해서 날것을 익혀 내고 단단한 것을 무르게 만드는 솥을 쓰는 때입니다. '정'(鼎)은 '세 발 달린 솥'으로 나라에서 제사를 지낼 때 쓰는 큰 가마솥을 가리킵니다.

불을 상징하는 리괘(離, ☲)가 위에 있고 나무와 들어감을 상징하는 손괘(巽, ☴)가 아래 있어 나무가 불 속에 들어가 불이 타오르는 상이 됩니다. 나무를 때서 불을 피우는 것은 음식을 삶고 굽기 위한 것으로 삶아 익히기 위해서 솥을 쓰는 때가 됩니다.

화풍 정괘의 때에 군자는 세 발 달린 가마솥처럼 안정되고 묵직하게 처신해야 하므로 자신의 자리를 반듯하게 지켜 나가면서 명령을 엄중하게 해야 합니다.

■ 괘사와 효사

괘사　정괘鼎卦는 크게 좋고 형통하다.

초육효, 솥의 발이 뒤집어졌으나 나쁜 것을 쏟아 냄이 이로우니 첩^초을 얻으면 그 사람^{구사}을 도와서 허물이 없을 것이다.

구이효, 솥에 꽉 찬 음식이 있지만, 나의 상대^{초육}에게 병이 있으니 나에게 다가오지 못하게 하면 길하리라.

구삼효, 솥귀가 바뀌어서 구삼이 나아가는 것이 막혀 기름진 꿩고기^{군주의 은택}를 먹지 못한다. 그러나 장차 비가 내리게 되어 부족하다고 뉘우침에 결국 길하게 될 것이다.

구사효, 솥의 다리가 부러져서 군주에게 바칠 음식을 엎었으니, 구사의 얼굴이 붉어지고 흉하다.

육오효, 솥의 누런 귀^{黃耳}에 쇠로 만든 고리 장식^{金鉉}이 달렸으니, 올바름을 굳게 지키는 것이 이롭다.

상구효, 솥의 옥으로 된 고리이니, 크게 길하여 이롭지 않음이 없다.

51

우레의 진동, 중뢰 진
重雷震

䷲

화풍 정괘가 세 발 달린 솥을 쓰는 것이라면 중뢰 진괘는 제사를 주관하는 맏아들이면서 우레가 진동하는 때입니다. 맏아들은 지위와 호칭을 계승하고 제기를 주관하는 주인이 되기 때문에 화풍 정괘를 중뢰 진괘가 이어받은 것입니다.

맏아들과 우레를 상징하는 진괘(震, ☳)는 양효 하나가 두 음 아래에서 먼저 생겨나 움직여 올라가는 것입니다. 그러므로 우레가 되고 맏아들이 되며, 그 성정은 '진동함'이 됩니다. 우레는 천지를 진동시키는 것이라서 사람들을 놀라게 하고 두려워하게 만든다는 의미를 가지고 있습니다.

중뢰 진괘의 때에 군자는 연거푸 우레가 쳐서 위엄을 떨치듯 놀랍고 두려운 일을 만난 상황이니 삼가 자신의 잘못과 허물을 살피고 고쳐 나가야 합니다.

괘사   진괘震卦는 형통하다. 우레가 진동할 때 돌아보고 두려워하면 훗날에 웃고 말하며 즐거워할 때가 있으리라. 우레가 진동하여 백 리를 놀라게 할 때, 큰 순가락과 울창주를 잃지 말아야 한다.

초구효, 우레가 진동할 때 돌아보고 두려워해야 훗날 웃고 말하는 소리가 즐거울 것이니 길하다.

육이효, 우레의 진동이 맹렬한 것이라 재물을 잃을 것을 헤아려서 높은 언덕에 올라간다. 잃어버린 것을 쫓아가지 않으면 7일이 지나서 얻으리라.

육삼효, 우레가 진동하여 정신이 아득해지니 놀라고 두려워하면서 행한다면 과실이 없으리라.

구사효, 진동하여 끝내 진창에 빠져 버렸다.

육오효, 진동하여 위로 가거나 아래로 내려가는 것 모두 위태로우니, 상황을 헤아려서 그 자리에서 해야 할 일을 잃지 말아야 한다.

상육효, 우레가 진동하여 넋이 나가 두리번거리는 것이니, 나아가면 흉하다. 우레가 자신에게 떨어지지 않고 그 이웃에 떨어질 때 미리 뉘우치면 허물이 없을 것이지만, 혼인한 짝함께 움직였던 가까운 사람은 원망하는 말을 할 것이다.

52

제자리에 멈춤, 중산 간
重山艮

중뢰 진괘가 움직임이 거듭되고 크게 진동하는 것이라면 중산 간괘는 더 이상 움직일 수 없어 그치게 되고 제자리에 멈추는 때입니다. 움직임과 고요함이 서로 맞물리기에 이렇게 이어지는 것이지요.

산을 상징하는 간괘(艮, ☶)가 중첩되어 있어서 '안정되고 무거우며 단단하고 실하다'(安重堅實)는 의미가 되기에 그쳐야 할 자리에 편안하게 머무르는 때가 됩니다.

중산 간의 때에 군자는 그침의 상을 본받아야 하니, 생각하는 것이 자신이 있는 자리에서 벗어나지 않아야 합니다. 부유하고 귀하다면 그에 알맞은 도리를 행하고, 가난하고 천하다 해도 그 자리에 알맞은 도리를 행해야 하는 것이지요.

괘사와 효사

괘사   등에서 멈추면 그 몸을 얻지 못하며, 뜰을 걷더라도 그 사람을 보지 못하여 허물이 없으리라.

초육효, 발꿈치에서 멈추는 것이라 허물이 없으니, 오래도록 올바름을 유지하는 것이 이롭다.

육이효, 장딴지에서 멈추는 것이니 구삼을 구제하지 못하고 따르게 되어 마음이 불쾌하다.

구삼효, 경계선에 멈추는 것이라 등뼈를 벌려 놓음이니 위태로움이 마음을 태운다.

육사효, 그 자신에서 멈추는 것이니, 허물이 없다.

육오효, 광대뼈에서 그침이라. 말에는 순서가 있으니 후회가 없어진다.

상구효, 독실하게 멈추는 것이니 길하리라.

53

점차 나아감, 풍산 점
風山漸

중산 간괘가 제자리에 멈추어 그침이라면 풍산 점괘는 점차로 나아가는 때입니다. 그치면 반드시 나아가게 되니 굽히고 펴며 융성하고 쇠하는 이치가 그렇습니다. '점'(漸)은 '나아감에 있어 순서에 따르는 것'이니 천천히 나아간다는 것이 아니라 차서(次序)를 따르면서 움직여 나간다는 의미입니다.

나무를 상징하는 손괘(巽, ☴)가 위에 있고 산을 상징하는 간괘(艮, ☶)가 아래 있어 산 위에 나무가 있는 상입니다. 산이 있기에 나무가 높이 자랄 수 있으니 높이 자람에는 바탕이 있고 나아감에 질서를 지킨다는 뜻이 됩니다. 또 손괘는 겸손함을, 간괘는 그침을 의미하니 위에서 겸손하고 아래에서 그쳐 갑자기 나아가지 않고 차근차근 절차를 밟아 나가는 것이 됩니다.

풍산 점의 때에 군자는 점차로 나아갈 것을 생각하기에 어진 덕을 지켜 나가면서 풍속을 선하게 만들어야 합니다. 자신의 덕을 닦아 나가는 것도 갑자기 할 수 없고 다른 사람들을 교화하는 것 역시 점차적으로 해 나가야 하기 때문이지요.

괘사와 효사

괘사   점괘漸卦는 여자가 시집가는 것이 길하니, 이로운 것은 올바름을 지키기 때문이다.

초육효, 기러기가 물가로 점차 나아가는 것이다. 소인과 어린아이는 위태롭게 여겨 말이 있으나 허물이 없다.

육이효, 기러기가 넓은 바위로 점차 나아가는 것이다. 음식을 먹는 것이 즐겁고 즐거우니 길하다.

구삼효, 기러기가 육지로 점차 나아가는 것이다. 남자陽, 구삼는 가면 돌아오지 않고 부인陰, 육사은 잉태하더라도 기르지 못하여 흉하니 도적육사을 막는 것이 이롭다.

육사효, 기러기가 나무로 점차 나아가는 것이다. 혹 평평한 가지를 얻을 수 있으면 허물이 없으리라.

구오효, 기러기가 높은 언덕으로 점차 나아가는 것이다. 부인陰, 육이이 3년 동안 잉태하지 못하나 끝내 구삼과 육사가 이기지 못하니 길하리라.

상구효, 기러기가 허공으로 점차 나아가는 것이다. 그 날개를 써서 본보기가 될 만하니 길하다.

54

누이를 시집보냄, 뇌택 귀매
雷澤歸妹

풍산 점괘가 점차 나아감이라면 뇌택 귀매괘는 돌아감이고 여자가 시집가는 때입니다. '귀매'(歸妹)는 '어린 누이를 시집보낸다'는 뜻이고 남녀의 결혼으로 인해 새로운 인간관계가 맺어지는 때가 됩니다.

움직임과 큰아들을 의미하는 진괘(震, ☳)가 위에 있고 기쁨과 막내딸을 의미하는 태괘(兌, ☱)가 아래 있어, 막내딸이 큰아들을 따르고 남자가 움직이고 여자가 기뻐하는 상이 됩니다. 남자가 위에 있고 여자가 아래에 있는데 기뻐함으로써 움직이는 상황이지요. 다만 기뻐함으로써 움직인다면, 올바름을 얻지 못하기 때문에 각 효의 자리가 모두 합당하지 않다는 것을 눈여겨보아야 합니다.

뇌택 귀매의 때에 군자는 기쁨으로 움직여 얻게 된 것은 오래가기 어렵다는 걸 잊지 말아야 합니다. 물론 인간관계는 일단 맺으면 오래 지속시키려고 노력해야 하지만 모든 관계라는 것이 낡아서 무너질 수 있음을 잊어서는 안 됩니다.

괘사   귀매괘歸妹卦는 섣불리 나아가면 흉하니 이로울 바가 없다.

초구효, 잉첩으로 시집보내니 절름발이가 걸어갈 수 있음이다. 그대로 나아가면 길하리라.

구이효, 애꾸눈으로 보는 것이니 차분하고 안정된 사람의 올바름을 지키는 것이 이롭다.

육삼효, 시집가기를 기다리는 것이니 돌이켜 낮추어서 잉첩으로 시집보낸다.

구사효, 시집갈 혼기가 지난 것이니 시집가는 일이 지체되는 것은 때가 있기 때문이다.

육오효, 제을이 어린 누이를 시집보내는 것이다. 본처의 소매가 잉첩의 소매보다 아름답지 못하니, 달이 거의 차오르면 길하리라.

상육효, 여자가 제수 담을 광주리를 이어받았으나 내용물이 없다. 남자가 희생양을 칼로 베지만 피가 나오지 않으니 이로울 바가 없다.

55

풍성하여 성대함, 뇌화 풍
雷火豐

뇌택 귀매괘가 돌아감이고 누이를 시집보내는 것이라면 뇌화 풍괘는 남녀의 결합으로 인해 풍성하고 성대해지는 때입니다.

움직임을 의미하는 진괘(震, ☳)가 위에 있고 밝음을 의미하는 리괘(離, ☲)가 아래에 있습니다. 밝음으로 움직이고, 움직여 밝게 할 수 있는 상이 되고 성대함이 이루어지는 때입니다. 밝으면 환히 비추어 잘 알 수 있고 움직이면 형통하게 될 수 있으니, 그런 뒤에라야 풍성하고 성대함을 이룰 수 있습니다.

뇌화 풍의 때에 군자는 밝은 판단력과 우레와 같은 위엄을 발휘해서 옥사를 판결하고 형벌을 집행해 나가야 합니다.

괘사와 효사

괘사 풍괘豐卦는 형통하다. 왕만이 이를 제대로 할 수 있으니, 근심이 없으려면 마땅히 해가 중천에 뜬 듯이 해야 한다.

초구효, 짝이 되는 주인구사을 만남이다. 비록 둘 다 양이라 대등한 관계이지만 허물이 없으니, 그대로 나아가면 가상함이 있으리라.

육이효, 짚으로 엮은 덮개에 많이 가려짐이라. 해가 중천에 떴는데도 북두성을 본다. 나아가면 의심과 질시를 얻으리니, 진실한 믿음을 가지고 감동시키면 길하리라.

구삼효, 휘장을 둘러쓰고 있음이라. 해가 중천에 떴는데도 작은 별을 본다. 오른쪽 팔뚝이 부러졌으니, 탓할 곳이 없다.

구사효, 짚으로 엮은 덮개에 많이 가려짐이라. 해가 중천에 떴는데도 북두성을 본다. 대등한 상대초구를 만나면 길하리라.

육오효, 아름답고 훌륭한 인재육이는 물론이고 초구와 구삼, 구사까지를 오게 하면 경사와 영예가 있어 길하리라.

상육효, 집을 성대하게 하고도 그 집을 짚으로 엮은 덮개로 덮어 놓은 것이라. 집 안을 엿보니 적막하여 사람이 없어 3년이 지나도록 만나 보지 못하니 흉하다.

56

정처 없이 유랑함, 화산 려
火山旅

뇌화 풍괘가 풍성하고 성대함이라면 화산 려괘는 성대함이 끝나고 거처를 잃어 유랑하는 때입니다. 풍성함이 궁극에 이르면 반드시 편안한 안식처를 잃게 되니 뇌화 풍괘 다음에 화산 려괘가 이어집니다. '려'(旅)는 '나그네'라는 뜻이니 정처 없이 떠돌아다니는 때가 됩니다.

불을 상징하는 리괘(離, ☲)가 위에 있고 산을 상징하는 간괘(艮, ☶)가 아래에 있어 산은 제자리에서 멈추어 있는데 불이 위로 타올라 머무르지 못하기에 떠나서 머무르지 않는 상이 됩니다.

화산 려의 때에 군자는 불이 높은 곳에 있어 밝게 비추는 것과 산이 제자리에 그친 것을 본받아 형벌을 사용하는 데 분명하고 신중하게 합니다. 또한 불이 번져 나가서 한 곳에 머무르지 않는 것을 본받아 판결을 지체하지 않아야 합니다. 감옥에 갇혀 재판 결과를 기다리는 사람은 안정될 수 없어 나그네와 같은 처지이기 때문에 군자가 그들의 어려움을 해결해 주어야 한다는 것이지요.

괘사   려괘旅卦는 조금 형통하고, 유랑함에 올바르게 행동하여 길
하다.

초육효, 유랑하는 자가 비루하고 쪼잔하니 이 때문에 재앙을 자초한
다.

육이효, 유랑하는 자가 숙소에 드니 노잣돈을 지니고 있고 동복童僕,
어린 심부름꾼(초육)과 마부(구삼)의 충직함을 얻는다.

구삼효, 유랑하는 자가 숙소를 불태우고 동복아랫사람의 충직함을 잃
어버리니 위태롭다.

구사효, 유랑하는 자가 거처處, 임시로 머물 곳에 있고 그 노잣돈과 도끼
를 얻었지만, 나구사의 마음은 불쾌하다.

육오효, 꿩을 쏘아 맞혀 화살 하나로 잡은 것이다. 끝내 영예와 복록
을 얻는다.

상구효, 새가장 윗자리에 있는 상구가 둥지를 불태우는 것이니 유랑하는
자가 먼저 웃고 나중에는 울부짖는다. 소홀히 여겨서 소牛, 유
순한 덕를 잃어버리니 흉하다.

57

공손하게 순종함, 중풍 손
重風巽

화산 려괘가 나그네이고 정처 없이 유랑함이라면 중풍 손괘는 공손하게 자신을 낮추고 사람들 사이로 들어가 받아들여지는 때입니다. '손'(巽)이란 '자신을 낮춤'(遜)이고 '들어감'(入)이기 때문이지요.

손괘(巽, ☴)는 하나의 음효가 두 양효 아래에 있어서 자신을 낮추고 유순하게 따르고 있어서 들어감이 되는데 이것이 중첩되어 있는 상입니다.

중풍 손의 때에 군자는 자신을 낮추어 윗사람을 따라야 하고, 명령을 거듭 내려 백성들이 따를 수 있게 하면서 정사(政事)를 행해야 합니다. 바람이 불어오는 것은 백성들을 부드럽게 이끌어 나가는 것이니 바람이 거듭 불어오듯 명을 지속적으로 베풀어 백성들을 교화해야 하는 것이지요.

괘사 손괘巽卦는 조금 형통할 수 있으니 나아갈 바를 두는 것이 이롭고, 대인^{구이와 구오}을 만나는 것이 이롭다.

초육효, 나아갔다가 물러나니, 무인^{강한 기운을 가진 사람}의 올바름이 이롭다.

구이효, 겸손하여 침상 아래에 있으니, 축사祝史와 무당을 많이 쓰면 길하고 허물이 없다.

구삼효, 이랬다저랬다 하는 공손함이니, 부끄럽다.

육사효, 후회가 없어지니 사냥 나가서 세 등급의 짐승을 잡는 것이다.

구오효, 올바름을 굳게 지키면 길하다. 후회가 없어져서 이롭지 않음이 없으니, 처음은 없지만 끝맺음이 있다. 변혁庚에 앞서 3일, 변혁庚 이후 3일을 신중히 하면 길하리라.

상구효, 자신을 낮추어 침상 아래에 있으니 노잣돈과 도끼^{자신의 능력과 판단력}를 잃는다. 올바름의 측면에서 보면 흉하다.

58

이어지는 기쁨, 중택 태
重澤兌

중풍 손괘가 자신을 낮춤이고 들어감이라면 중택 태괘는 기쁨이 이어지는 때입니다. 만물이 서로에게 들어가면 기뻐하게 되고, 서로를 기뻐하면 상대방 속으로 들어가게 되기에 이렇게 이어지는 것이지요.

태괘(兌, ☱)는 하나의 음효가 두 양효 위에 있는 것으로 단단한 땅 위에 물이 고인 못이 주변을 적셔 주어 '기쁨'이 되는데, 이것이 중첩되어 있는 상입니다.

중택 태괘의 때는 두 연못이 붙어 있어서 번갈아 서로 적셔 주고 불어나서 유익하게 되는 상황입니다. 군자는 그것을 본받아 벗들과 강론하면서 배운 것을 익혀 나갑니다. 천하의 기쁨 중 벗들과 학문을 같이 논하며 함께 성장하는 것이 으뜸이기 때문입니다.

괘사 태괘兌卦는 형통하니, 바르게 하는 것이 이롭다.

초구효, 조화를 이루면서 기쁘게 함이니 길하다.

구이효, 진실한 믿음으로써 기쁘게 하니 길하고 후회가 없어진다.

육삼효, 아래로 내려가서 기쁘게 하니 흉하다.

구사효, 기쁨을 계산하느라 편안하지 못한 것이니, 구오의 군주에 대한 절개를 지키고 사악한 자육삼를 미워하면 기쁜 일이 있으리라.

구오효, 양陽을 벗겨 내려는 자陰, 상육를 믿으면 위태로움이 있으리라.

상육효, 기쁨을 당겨서 연장하려는 것이다.

59

민심이 흩어짐, 풍수 환
風水渙

중택 태괘가 이어지는 기쁨이라면 풍수 환괘는 기뻐한 뒤에 퍼지고 흩어지는 때입니다. 사람의 기운은 근심하면 맺혀서 뭉치게 되고 기뻐하면 퍼져서 흩어지게 됩니다. 그래서 이렇게 이어지는 것이지요.

바람을 상징하는 손괘(巽, ☴)가 위에 있고 물을 상징하는 감괘(坎, ☵)가 아래에 있어 바람이 물 위로 불어서 물이 퍼지고 흩어지는 상이 됩니다.

풍수 환의 때에 선왕(이전 시대의 위대한 군주)은 천하의 민심이 흩어지는 것을 염려하여 사람들의 마음을 모아 내기 위해 상제께 제사드리고 종묘를 세웠습니다. 하늘과 조상을 숭배하는 과정을 통해 국가에 대한 소속감을 만들어 내고 천하를 안정시킬 수 있기 때문입니다.

괘사 환괘渙卦는 형통하다. 왕이 종묘를 두는 데 지극하며 큰 강을 건너는 것이 이로우니 올바름을 굳게 지키는 것이 이롭다.

초육효, 구제하려고 하되 말馬, 구이이 건장하니 길하다.

구이효, 민심이 흩어지는 때에 기댈 곳초육으로 달려가면 후회가 없어지리라.

육삼효, 민심이 흩어질 때에 그 자신만 후회가 없는 것이다.

육사효, 민심이 흩어지는 때에 무리를 이루는 자라서 크게 좋고 길하다. 민심이 흩어질 때 사람이 언덕처럼 모이는 것은 평범한 사람이 생각할 수 있는 것이 아니리라.

구오효, 민심이 흩어질 때에 크게 호령하기를 몸이 땀에 젖어 들듯이 하면, 민심이 흩어질 때 처신하는 것이 왕의 자리에 맞으니 허물이 없으리라.

상구효, 민심이 흩어질 때에 그 피陰, 육삼를 제거하며 두려움에서 벗어나면 허물이 없으리라.

60

절도에 맞게 제어함, 수택 절
水澤 節

풍수 환괘가 퍼지고 흩어지는 것이라면 수택 절괘는 절제하는 때이고 알맞게 제어하는 때입니다. '절'(節)이란 '절제하여 넘치지 않도록 하는 것'이니 만물이 흩어지고 나면 절제하고 멈추게 되므로 풍수 환괘 다음에 수택 절괘가 이어지는 것이지요.

물을 상징하는 감괘(坎, ☵)가 위에 있고 연못을 상징하는 태괘(兌, ☱)가 아래 있어 못 위에 물이 있는 상이 됩니다. 연못은 한계가 있어 못에 물이 가득 차면 더 이상 받아들이지 못하고 넘쳐 버리기에 절도에 맞게 제어한다는 의미가 있습니다.

수택 절의 때에 군자는 천지의 법도를 헤아려 절도를 세우며 거기에 맞는 덕과 행실을 추구해야 합니다.

괘사와 효사

괘사 　절괘節卦는 형통하니, 억지로 제어하는 것은 올바름을 굳게 지킬 수 없다.

초구효, 문 바깥 정원에 나가지 않으면 허물이 없으리라.

구이효, 집 안에 있는 정원에 나가지 않으니 흉하다.

육삼효, 자신을 절도에 맞게 제어하지 않으면 탄식하게 될 것이니 탓할 곳이 없다.

육사효, 절제함에 편안하니 형통하다.

구오효, 아름다운 절제라서 길하니 그대로 나아가면 가상함이 있다.

상육효, 억지로 절제하는 것이니 고집하면 흉하고, 후회하여 고치면 허물이 없어지리라.

61

진실한 믿음, 풍택 중부
風澤中孚

수택 절괘가 절도에 맞게 제어함이라면 풍택 중부괘는 절제하기에 진심으로 믿게 되는 때입니다. '중부'(中孚)는 '내면에 진실한 믿음이 있는 것'이니 윗사람은 성실하게 원칙을 지켜 나가고, 아랫사람은 그런 윗사람을 믿음으로 따를 수 있음을 뜻합니다.

못을 상징하는 태괘(兌, ☱) 위에 바람을 상징하는 손괘(巽, ☴)가 있어 바람이 연못 위로 불어서 깊고 고요한 물이 감응하여 움직이는 상이 됩니다. 이것은 인간의 내면에서 감응하는 것을 의미합니다. 또한 구이효와 구오효가 모두 양효이기에 내면이 충실한 것이 되고 미더움이 꽉 차 있는 상태가 됩니다.

풍택 중부의 때에 군자는 진심을 다하여 옥사를 의논하고 어진 마음을 널리 베풀어 사형을 함부로 내리지 않습니다. 생명을 살리는 어진 마음[仁]을 추구해야 하는 때인 거지요.

괘사 중부괘中孚卦는 진실한 믿음이 돼지와 물고기에게까지 미치면 길하니, 큰 강을 건너는 것이 이롭고 올바름을 굳게 지키는 것이 이롭다.

초구효, 믿을 상대를 깊이 헤아리면 길하니, 다른 사람을 두어 믿지 못할 상대를 만나면 편안치 못하리라.

구이효, 그늘에서 학이 울고 있는데 그 새끼가 화답한다. 내게 좋은 벼슬이 있어 나와 그대가 묶여 있노라.

육삼효, 상대上九를 얻어서 어떤 때는 북을 치고, 어떤 때는 그만두며, 어떤 때는 울고, 어떤 때는 노래한다.

육사효, 달이 거의 가득 차오르니, 말馬, 육사이 짝초구을 잃으면 허물이 없으리라.

구오효, 진실한 믿음으로 천하의 민심을 끌어당겨 결집시키면 허물이 없으리라.

상구효, 새 날갯짓 소리가 하늘로 올라가는 것이니 고집하여 흉하도다.

62

작은 일이 지나침, 뇌산 소과
雷山 小過

풍택 중부괘가 진실한 믿음으로 행한다면 뇌산 소과괘는 믿는 바를 행하다가 약간 넘침이 있는 때입니다. '소과'(小過)는 '작은 일이 지나침'이고 '정도가 약간 과한 것'입니다.

산을 상징하는 간괘(艮, ☶) 위에 우레를 상징하는 진괘(震, ☳)가 있어 우레가 높은 곳에서 진동하는 상이 됩니다. 산 위에서 우레가 칠 때 그 소리가 지나치게 커지기에 소과(小過)가 됩니다. 또 음인 육오효가 존귀한 군주의 자리에 있어서 '작은 것(陰)이 지나침'이 됩니다.

뇌산 소과의 때에 군자는 행함에 있어서는 공손함을 과도하게 하고, 상례를 치르는 데는 슬픔을 과도하게 하고, 재물을 씀에 있어서는 검소함을 과도하게 해야 합니다. 이 세 가지는 약간 과하게 하더라도 오히려 알맞게 될 수 있는 일이기 때문입니다.

괘사   소과괘小過卦는 형통하니 올바름을 굳게 지키는 것이 이로운
        것이니 작은 일은 할 수 있고 큰일은 할 수 없다. 날아가는
        새가 소리를 남김에 올라감을 마땅치 않아 하고 내려옴을
        마땅히 여기면 크게 길하리라.

초육효, 날아가는 새이니 흉하다.

육이효, 할아버지구사를 지나치고 할머니육오를 만나는 것이니, 군주
        의 권위에 도전하지 않고 신하의 도리에 합당하다면 허물이
        없으리라.

구삼효, 지나치게 방비하지 않으면 이어서 혹 해칠 수 있기에 흉하
        리라.

구사효, 허물이 없으니 과도하지 않아 적당한 것이다. 그대로 나아가
        면 위태로우니 반드시 경계해야 하며, 오래도록 양의 기질을
        고집하지 말아야 한다.

육오효, 구름이 빽빽하지만 비가 내리지 않는 것은 내가 서쪽 교외
        로부터 왔기 때문이니, 육오의 군주가 저 구멍에 있는 육이
        를 쏘아서 잡는다.

상육효, 적합하지 않아 과도하니, 날아가는 새가 빨리 떠나가는 것이
        라 흉하다. 이것을 일러 하늘이 내린 재앙災과 인간이 자초
        한 화眚라고 한다.

63
이미 이루어짐, 수화 기제
水火旣濟

뇌산 소과괘가 약간 지나침이 있어 과한 것이라면 수화 기제 괘는 남보다 더하여서 이루어짐이 있는 때입니다. '기제'(旣濟)는 '일이 이미 이루어졌다'는 것으로 천하의 모든 일이 이미 이루어진 때를 가리킵니다.

물을 상징하는 감괘(坎, ☵)가 위에 있고 불을 상징하는 리괘(離, ☲)가 아래에 있어, 물은 내려가고 불은 올라가서 서로 만나 사귀어서 쓰임이 있게 되는 상이 됩니다. 또한 여섯 효가 모두 서로 정응(正應)이 될 뿐만 아니라 모두 제자리에 있기에 음과 양이 바르게 소통하고 있어서 이미 모든 것이 이루어진 상황을 뜻합니다.

수화 기제의 때에 군자는 이미 이루어진 것이 무너져 환란이 일어날 것을 염려해야 하고 미리 방비해야 합니다. 세상이 문제없이 잘 돌아갈 때일수록 방심하지 말아야 하고 앞날에 우환이 싹트지 않도록 경계해야 하는 것이지요.

괘사 기제괘既濟卦는 작은 일에 형통하다. 올바름을 굳게 지키는 것이 이로우니, 처음에는 길하고 끝에는 어지러워진다.

초구효, 수레바퀴를 뒤로 끌며 여우가 그 꼬리를 적시면 허물이 없으리라.

육이효, 부인이 그 가리개를 잃은 것이니, 쫓아가지 말라. 그러면 7일 만에 얻으리라.

구삼효, 고종이 귀방을 정벌하여 3년 만에야 이겼으니, 소인은 쓰지 말아야 한다.

육사효, 배에 물이 스며들며 젖으니 헌옷가지를 마련하고 종일토록 경계하는 것이다.

구오효, 동쪽 이웃구오이 소를 잡아 성대하게 제사지내는 것이 서쪽 이웃육이이 간략한 제사를 올려 실제로 그 복을 받는 것만 못하다.

상육효, 머리까지 젖으니 위태롭다.

64

아직 이루어지지 않음, 화수 미제
火水未濟

수화 기제괘가 이미 이루어진 것이라면 화수 미제괘는 그것이 변하여 아직 이루어지지 않음이 있게 되는 때입니다. '미제'(未濟)는 '아직 다하지 않은 것'이니, 아직 다하지 않아서 '낳고 낳는 뜻'[生生]이 됩니다. 새로운 국면이 열리는 때라고 할 수 있지요.

불을 상징하는 리괘(離, ☲)가 위에 있고 물을 상징하는 감괘(坎, ☵)가 아래에 있습니다. 불이 물 위에 있어서 불은 위로 타오르고 물은 아래로 흘러가기에 서로 만나 사귀지 않아서 쓰임이 되지 못하는 상이 됩니다. 또한 여섯 효 모두 서로 호응하고는 있지만 음과 양이 제자리를 잃었기에 아직 이루어지지 않음이 되는 거지요.

화수 미제의 때에 군자는 다 이루었다는 착각에 빠지지 말아야 하고, 아직 제자리를 찾지 못한 것들이 세상에 가득하다는 걸 깨달아야 합니다. 그러니까 모든 것을 신중하게 변별해서 각자 제자리를 찾아갈 수 있도록 더욱 분발하고 정진해야만 하는 것이지요.

괘사　미제괘未濟卦는 형통하다. 어린 여우가 과감하게 강물을 건너서 그 꼬리를 적시니, 이로울 것이 없다.

초육효, 꼬리를 적셨으니 부끄럽다.

구이효, 수레바퀴를 뒤로 잡아끌듯이 하면 올바르게 해서 길하리라.

육삼효, 미제의 때에 나아가면 흉하지만 큰 강을 건너는 것이 이롭다.

구사효, 올바름을 지키면 길하여 후회가 없어지니, 강한 힘을 써서 귀방을 정벌하는데 3년 만에야 큰 나라에서 상을 받는다.

육오효, 올바르게 행해서 길하여 후회가 없으니, 군자의 빛이 진실한 믿음이 있어 길하다.

상구효, 진실한 믿음을 가지고 술을 마시면 허물이 없지만, 머리까지 젖으면 믿음에 있어 마땅함을 잃으리라.

부록 1 _ 사상표

* 점을 친 후 찾아보기 쉽도록 131쪽과 132쪽에 수록된 표를 한 번 더 실었습니다. 시초점과 동전점 치는 법은 실전편 1부를 참조해 주세요.

① 시초점의 경우

| 기호 | 태극에 걸어 둔 시초의 개수 | | | 바닥에 남은 시초 묶음 | 얻게 되는 효 [표시] |
	1변 (5 또는 9)	2변 (4 또는 8)	3변 (4 또는 8)		
A	9	8	8	6	태음, 노음 [-- ◎]
B	5	8	8	7	소양 [—]
	9	4	8		
	9	8	4		
C	5	4	8	8	소음 [--]
	5	8	4		
	9	4	4		
D	5	4	4	9	태양, 노양 [— ★]

② 동전점의 경우

동전의 모습	숫자	사상	기호
동전이 모두 숫자인 경우	6	태음·노음	-- ◎
하나만 그림이고 숫자가 둘인 경우	7	소양	—
하나만 숫자이고 그림이 둘인 경우	8	소음	--
동전이 모두 그림일 경우	9	태양·노양	— ★

부록 2 _ 시초점 점괘 기록지

* 점괘를 뽑은 후 기록하는 기록지입니다. 점을 치기 전에 복사하거나 그려서 사용하면 편리합니다. 표는 초효부터 상효의 방향으로 채워 나가세요. 점을 쳐서 얻은 점괘의 해석은 '실전편' 1부 4장 '주역점 해석하는 방법'(136~144쪽)을 참조해 주세요.

점의 주제 :

효	태극에 걸어 둔 시초의 개수			바닥에 남은 시초 묶음	얻게 되는 효 [표시]
	1변 (5 또는 9)	2변 (4 또는 8)	3변 (4 또는 8)		
상효					
오효					
사효					
삼효					
이효					
초효					

본괘	지괘